# Das Radfahrer-Recht im Königreiche Bayern.

Bearbeitet und im Auftrage des Verbandes zur Wahrung der Interessen der bayerischen Radfahrer

herausgegeben von

**L. F. Wirschinger,**
k. Bezirksamtmann a. D.

**München.**
J. Schweitzer Verlag (Jos. Eichbichler)
1898.

Josef Deschler, München.

# Vorwort.

Nachdem Verfasser sich schon vor mehr als Jahresfrist mit dem Gedanken getragen, in einem kurzen Handbuche niederzulegen, was in Bayern für die Radfahrerei Rechtens sei, kam ihm die Anregung des Verbandes für Wahrung der Interessen bayerischer Radfahrer zur Bearbeitung dieses Stoffes nur willkommen. Die ursprüngliche Arbeit, eine Auslese der sich gleichenden oder ähnelnden Grundzüge einer Reihe der verschiedensten ober-, distrikts- und ortspolizeilichen Vorschriften über den Radfahrverkehr, mußte kaum fertig gestellt einer eingreifenden Umgestaltung nach Maß der oberpolizeilichen Vorschriften vom 1. Januar 1898 unterzogen werden und die kurze Frist hiefür mag entschuldigen, was vielleicht in der Darstellung übergangen oder übersehen worden ist. Immerhin hoffe ich, daß das Büchlein dem Radfahrer seine Dienste leiste, der darin bei den selten ganz vermeidlichen Anständen mit Aufsichtsorganen wie Publikum einen Berater finden möge, welcher ihm zu „Allheil" nicht versagt.

Den Herren und Vereinen, welche mir Material und freundliche Auskunft gewährt, spreche ich hier meinen besten Dank aus.

München, im Februar 1898.

Der Verfasser.

# I. Oberpolizeiliche Vorschriften über den Radfahrverkehr.

Auf Grund des § 366 Nr. 10 des Strafgesetzbuches für das Deutsche Reich und gemäß Art. 2 Ziff. 6 des Polizeistrafgesetzbuches für das Königreich Bayern vom 26. Dezember 1871 werden nachstehende Vorschriften über den Radfahrverkehr erlassen:

**Geltungsgebiet.** — Diese oberpolizeilichen Vorschriften des k. Staatsministeriums des Innern haben für das ganze Gebiet des Königreiches Bayern, sowohl rechts als links des Rheins (Pfalz) Geltung.

## § 1.

Die für den Fuhrwerkverkehr auf öffentlichen Wegen, Straßen und Plätzen geltenden Bestimmungen finden auf den Radfahrverkehr insoweit sinngemäße Anwendung, als nicht in den folgenden Paragraphen andere Bestimmungen getroffen sind.

**Fahrrad — Fuhrwerk.** — Aus der Einleitung wie aus der Fassung des vorstehenden Paragraphen geht hervor, daß die Radfahrer im allgemeinen als „Fuhrwerk" betrachtet werden sollen. Damit ist der bisherigen Verschiedenheit der Behandlung des Fahrrades durch ober-, distrikts- und ortspolizeiliche Vorschriften, welche den Radfahrer bald als Reiter erklärten, bald das Fahrrad den Fuhrwerken gleichstellten oder je nach seiner Benützung für Personenbeförderung oder für Transportzwecke als Reiter oder als Fuhrwerk betrachteten, ein Ende gemacht.

Da — abgesehen von Motorrädern (Automotoren s. unter § 15) — eine besondere Unterscheidung nicht getroffen ist, sind Fahrräder jeder Art und jeder Zweckbestimmung, seien es Bicycles, Dreiräder, Mehrsitzer (Tandems), Personen- oder Packfahrräder als „Fuhrwerk" zu erachten.

**Anwendbarkeit der Vorschriften für den Fuhrwerkverkehr.** — Die Behandlung des Fahrrades als „Fuhrwerk“ ergibt, daß nicht bloß die Polizeivorschriften für den Fuhrwerkverkehr, sondern auch die im Strafgesetzbuche, im Polizeistrafgesetzbuche für Bayern sowie in sonstigen Gesetzen und Verordnungen enthaltenen Bestimmungen für und über den Verkehr mit Fuhrwerken auf den Radverkehr „sinngemäße“ Anwendung finden sollen.

**Sinngemäße Anwendung.** — Der Ausdruck „sinngemäße Anwendung“ besagt, daß nur jene für Fuhrwerk geltenden Bestimmungen, welche nach der besonderen Beschaffenheit des Fahrrades, der besonderen Art seiner Fortbewegung und seiner Eigenstellung als Verkehrsmittel im öffentlichen Verkehre anwendbar erscheinen, auf den Verkehr der Fahrräder angewendet werden sollen. Das Fahrrad unterliegt daher z. B. den Vorschriften über die Einrichtung des die Kunststraßen befahrenden Fuhrwerkes (Gesetz vom 25. Juli 1850) ebensowenig, als auf dasselbe das Gebot der Einlegung von Radschuhen oder der Anbringung von Eisketten erstreckt werden kann.

Da weder das Strafgesetzbuch noch das Polizeistrafgesetzbuch eine ausdrückliche Festsetzung des Begriffes „Fuhrwerk“ enthalten, kann bei der vorliegenden Bestimmung, der gemeine Rechtssatz, daß im Strafrechte die „analoge“ Anwendung von Strafvorschriften unstatthaft sei, nicht Platz greifen.

**Oeffentlicher Radfahrverkehr.** — Selbstverständlich finden die allgemeinen Vorschriften für den Fuhrwerk- wie die Sondervorschriften für den Radfahrverkehr nur auf den „öffentlichen Radfahrverkehr“, d. h. auf das Radfahren auf öffentlichen Wegen, Straßen oder Plätzen Anwendung, nicht aber auf Radfahrer, welche, und insolange sie befugt, auf geschlossenen, dem gemeinen Gebrauche nicht offenstehenden Plätzen und Privatgrundstücken sich bewegen (s. indessen unten).

**Schutz des Radfahrers im allgemeinen.** — Die Behandlung des Fahrrades als Fuhrwerk schließt auch in sich, daß dem Radfahrer im öffentlichen Verkehre der Schutz aller jener Vorschriften zukömmt, welche die Sicherheit der öffentlich verkehrenden Fuhrwerke zu Absicht und Zweck haben.

## § 2.

Zum Radfahren dürfen nur die für Fuhrwerke bestimmten Wege, Straßen und Plätze benützt werden.

Außerhalb der Ortschaften ist das Radfahren auf den Fußbänken der Straßen gestattet, insoweit hiedurch der Verkehr der Fußgänger nicht gestört wird; beim Einholen oder Entgegenkommen von Fußgängern hat der Radfahrer die Fußbank rechtzeitig zu verlassen.

Die Ortspolizeibehörden sind befugt, das Radfahren auch auf bestimmten Fußwegen zu gestatten.

**Wege, Straßen und Plätze für den Fuhrwerkverkehr.** — Zum Radfahren dürfen allgemeinhin nur die für Fuhrwerke bestimmten — öffentlichen (s. §§ 1, 12) — Wege, Straßen und Plätze benützt werden.

**Einhalten der rechten Fahrbahnseite.** — Wo für Fuhrwerke geboten ist, bei der Fahrt die rechte Seite der Straßenfahrbahn einzuhalten, müssen auch Radfahrer diese Anordnung befolgen. Unter der rechten „Seite der Fahrbahn" ist übrigens nicht der rechtsseitig an den Grenzen der Straße (unmittelbar an oder nächst den Trottoirs oder Fußbänken) gelegene äußerste Teil, sondern die ganze rechtsseitige Hälfte der Fahrbahn — von der Straßenaxe (einer durch die Mitte der Straße gedachten Teilungslinie) bis zum Rande der Fahrbahn gerechnet — zu verstehen. Die Unfahrbarkeit der rechten Fahrbahnseite infolge von Reparaturarbeiten, Pflasterung, Kanalbauten 2c. entbindet selbstverständlich auf die Dauer solcher Hindernisse und etwaiger polizeilicher Benützungssperre von der Beobachtung der Vorschrift; dagegen wird im Falle der Neubeschottung, welche Unfahrbarkeit nur für Fahrräder, nicht aber für andere Fuhrwerke herbeiführt, im Hinblicke auf §§ 1 und 2 der Radfahrer nicht befugt, auf die linke Fahrbahnseite abzuweichen.

**Gemeiner Weggebrauch.** — Dem allgemeinen Fuhrwerkverkehre stehen in Bayern (vorbehaltlich besonderer Bestimmungen für einzelne Strecken) die Staats-, Distriktsstraßen, (fahrbaren) Gemeindeverbindungswege, sowie die Ortsstraßen (und öffentlichen Plätze in Ortschaften) offen. Der „gemeine Gebrauch" an diesen Wegen, d. h. die jedermann, gleichviel ob Orts- oder Gemeinde- oder Angehörigen des bayerischen oder eines anderen deutschen Bundesstaates oder Ausländern zustehende Befugnis, die betreffende Wegfläche bestimmungsgemäß und nach Maßgabe der hiefür bestehenden Vorschriften zu freier Fahrt zu benützen, kann jedoch örtlichen

Beschränkungen unterliegen, teils im Interesse der Erhaltung und Unterhaltung der Straßen, teils im Interesse der Sicherheit und Bequemlichkeit des Verkehrs auf denselben, teils auch zur Sicherung der Erhebung staatlicher und gemeindlicher Zölle und Verbrauchssteuern (auch von Pflaster- und Brückenzöllen und Lokalaufschlägen).

**Straßensperre.** — Straßen oder Wegstrecken können gesperrt oder als (für die Benützung) verboten erklärt werden: bei Staatsstraßen von der Distriktspolizeibehörde oder der einschlägigen Baubehörde (Straßen- und Flußbauamt), bei Distriktsstraßen vom Bezirksamte, in allen übrigen Fällen von der Ortspolizeibehörde (Gemeindeverwaltung, Magistrat, bei Straßen und Wegen in sogen. Ausmarkungen, d. h. vom Gemeindeverbande ausgeschlossenen Markungen — größeren Waldungen, Freigebirgen — durch die Distriktspolizeibehörden). Die Sperre oder das Benützungsverbot muß durch aufgeworfene Gräben, aufgestellte Tafeln oder durch sonstige Zeichen (z. B. Schranken) ersichtlich gemacht werden. Zur rechtsverbindlichen Giltigkeit solcher Verbote bedarf es keiner förmlichen Polizeivorschrift, es genügt vielmehr die Anbringung der erwähnten Zeichen (oberpol. Vorschr. [zu § 366 Nr. 10 R.St.G.B.] vom 4. Januar 1872 § 7).

**Fahrverbote.** — Verboten ist, außer Notfällen in den Gräben öffentlicher Straßen sowie auf den Trottoirs (Bürgersteigen) der Straßen in Städten, Märkten oder Dörfern zu fahren (Art. 89 Abs. I Ziff. 1 b. P.St.G.B. — Geldstrafe bis zu 60 Mk. oder Haft bis zu 14 Tagen — und oberpol. Vorschr. vom 4. Januar 1872 § 8).

**Wege beschränkter Benützung und Privatwege.** — Feld- und Flurwege stehen zumeist nicht der unbeschränkten öffentlichen Benützung frei, dürfen vielmehr, da sie nur der Verbindung von Grundstücken dienen, in der Regel nur von denjenigen befahren werden, welche ihrer zur Bewirtschaftung der an- oder hinterliegenden Grundstücke bedürfen. Ein ähnliches gilt von Wald- und Holzwegen. Privatwege (welche sich in civilrechtlichem Privatbesitze befinden) dürfen nur von den Berechtigten (Eigentümern, Besitzern oder seitens dieser durch besondere Erlaubnis Befugten) benutzt werden. Als solche Privatwege, die mit Ausschluß eines allgemeinen freien — „gemeinen" — Gebrauchs bloß besonderen privaten Zwecken dienen, kommen namentlich die Zufahrten zu einzelnen Besitztümern: Mühl- und Fabrikwege, dann die einen Bestandteil der Waldungen bildenden Wald- und Holzabfuhrwege, Richtwege, Schneußen, Linien, die zu einzelnen Grundstücken und in die Felder führenden Gangsteige und Fußwege in Betracht. Den Privatwegen stehen die den besonderen Zwecken einzelner Zweige des öffentlichen Dienstes, so der Militär-, Bergbau-, Salinen-, Forst-Verwaltung 2c. gewidmeten Straßen und Wege gleich; auch sie dürfen nur von den Berechtigten bezw. mit Erlaubnis der betreffenden Verwaltung benützt werden.

Der Eigentümer eines Privatweges ist befugt, den letzteren für den gemeinen Gebrauch wie überhaupt für die Benützung durch nicht berechtigte Dritte zu sperren, und ist der Gebrauch eines mittels Warnungszeichens geschlossenen Privatweges zum Fahren 2c. seitens Unberechtigter strafbar (§ 368 Nr. 9 R.St.G.B. — Geldstrafe bis zu 60 Mk. oder Haft bis zu 14 Tagen). Die Duldung des Gebrauches solcher Wege durch Einzelne, z. B. der Benützung eines zu forstwirtschaftlichen Zwecken angelegten Weges durch die Besitzer angrenzender Grundstücke zu landwirtschaftlichen Zwecken, macht den Weg nicht zu einem „öffentlichen“, für den „gemeinen Gebrauch“ bestimmten, da letzterer die allgemeine, jedermann zustehende Benützung als entscheidendes Merkmal voraussetzt, welches bei der Gestattung der Wegbenützung durch nur Einzelne fehlt.

**Eisenbahnen.** — Eisenbahnen dürfen nur an den zu Uebergängen bestimmten Stellen überschritten werden und zwar nur solange, als dieselben nicht durch Schranken geschlossen sind. Die eigenmächtige Oeffnung geschlossener Schranken oder sonstiger Einfriedigungen ist verboten. An anderen Stellen ist das Betreten (und selbstverständlich auch Befahren) der Bahn einschließlich der zugehörigen Böschungen, Dämme, Gräben und Brücken und sonstigen Anlagen nicht gestattet. Bei Benützung der Uebergänge muß jeder unnötige Verzug vermieden werden. Die Benützung von Privatübergängen ist nur den Berechtigten gestattet.

Auch auf Nebenbahnen ist das Betreten der Bahn, soweit sie nicht zugleich als Weg dient, sowie der zur Bahn gehörigen Böschungen, Dämme, Gräben, Brücken und sonstigen Anlagen nur an den zu Uebergängen bestimmten Stellen und zwar nur solange gestattet, als dieselben nicht abgesperrt sind oder sich kein Zug nähert. Bei Annäherung eines Zuges muß in angemessener Entfernung von der Bahn gehalten, bezw. dieselbe schnell geräumt werden. Ueberschreiten oder eigenmächtige Oeffnung von Schranken und sonstigen Einfriedigungen ist auch hier verboten, bei Benützung der Uebergänge jeder unnötige Verzug zu vermeiden. Bahnhöfe dürfen außerhalb der bestimmungsmäßig dem Publikum für immer oder zeitweise geöffneten Räume nicht betreten werden. Für das Anhalten von Wagen behufs Aufnahme oder Absetzung von Personen, sowie zur Abholung oder Zufuhr von Gütern sind nur die dafür bestimmten Stellen auf den Vorplätzen der Bahnhöfe und auf den Plätzen an den Ladegeleisen und den Güterschuppen zu benutzen. Die Ueberwachung der Ordnung auf diesen für die Fuhrwerke bestimmten Plätzen steht den Bahnpolizeibeamten zu, insoferne in dieser Beziehung nicht besondere (polizeiliche) Vorschriften ein Anderes bestimmen. (Betriebsordnungen vom 10. Dezember 1892 §§ 54, 58, 59 bezw. 44, b. P.St.G.B. Art. 88 Geldstrafe bis zu 60 Mk. oder Haft bis zu vierzehn Tagen).

**Sonstige Grundstücke.** — Andere Bodenflächen (Grundstücke), welche nicht als Weg angelegt oder geeigenschaftet sind, dürfen für den „gemeinen" Verkehr (Fahren, Gehen, Fortbewegung größerer Lasten) teils gar nicht, teils nur unter gewissen Voraussetzungen benützt werden. In öffentlichen Anlagen ist das Betreten von Wiesplätzen (angewiesene Spielplätze ausgenommen), Blumenbeeten, Rasen und Wegeinfassungen, sowie das Fahren und Reiten auf solchen bezw. über solche verboten. Ebenso ist ständig und unbedingt Unbefugten das Betreten (Gehen, Fahren) von Weinbergen und Gärten, dann von umschlossenen (eingefriedigten) oder gekennzeichneten (durch Warnungszeichen gegen unbefugtes Betreten gesperrten) Aeckern, Wiesen, Weiden und Schonungen, zeitlich (vom Eintritte der Vegetation bis zur Aberntung) von Wiesen und bestellten Aeckern untersagt (§ 368 Nr. 9 R.St.G.B. Geldstrafe bis zu 60 Mk. oder Haft bis zu vierzehn Tagen). Durch ortspolizeiliche Flurordnung kann auch das Betreten und Befahren von Feldrainen beschränkt und bezw. verboten werden. Verboten ist ferner in Waldungen das Fahren außerhalb der erlaubten Waldwege (oder der in den Schlägen angewiesenen Holzabfuhrwege), dann das unbefugte Betreten künstlicher Ansaat oder von Pflanzungen unter 6 Jahren (Art. 92 b. Forst-G. 0,90—45 Mk. Geldstrafe).

**Radfahren auf Fußbänken und Fußwegen.** — Während es im allgemeinen verboten ist, auf den abgegrenzten Fußbänken öffentlicher Straßen (Staats-, Distriktsstraßen und Gemeindeverbindungswege) zu fahren (oberpol. Vorschr. vom 4. Januar 1872 § 8), **gestattet der** § 2 den Radfahrern die Benützung der Fußbänke außerhalb der Ortschaften, insoweit hiedurch der Verkehr der Fußgänger nicht gestört wird. Als „abgegrenzte Fußbänke" sind jene Steige an Straßen zu betrachten, welche durch gehörig gesetzte Rabatt- (Rand-) Steine von der Fahrbahn abgegrenzt oder gegen letztere überhöht angelegt sind. Wo letztere und die Fußbank unerkennbar in einander verlaufen, greift das Fahrverbot überhaupt nicht Platz. Jenseits der Straßengräben laufende Fußsteige haben als besondere Fußwege (**s. unten**) zu gelten. Inwieweit durch das Radfahren der Verkehr der Fußgänger gestört wird oder nicht, ist nach den Umständen des einzelnen Falles zu beurteilen. Eine Störung des Gehverkehres ist nicht bloß dann anzunehmen, wenn die Fußgänger durch das Fahren überhaupt an dem Gehen auf der Fußbank verhindert und zum Verlassen derselben genötigt, sondern auch dann, wenn sie zur Seite gedrängt und in freiem sicheren Gange beeinträchtigt würden. Der Radfahrer hat die Fußbank rechtzeitig bei Einholung oder Entgegenkommen von Fußgängern, gleichviel ob dies ein oder mehrere Fußgänger sind, zu verlassen (vergl. hieher auch § 11 unten). „Rechtzeitiges Verlassen der Fußbank" setzt voraus, daß der Radfahrer bei Annäherung von Fußgängern oder an solche den Weg so zeitig räumt, daß ein Zusammenstoß unter allen Umständen vermieden wird. Das Verlassen muß daher in einem Abstande geschehen, daß der Radfahrer noch genügend Zeit und seine Maschine in der Gewalt hat, um ohne Gefährdung des Fußgängers abzulenken oder abzusitzen. Bei Bemessung dieses Abstandes muß der Radfahrer jedenfalls auch mit der Möglichkeit eines unvermuteten plötzlichen Stehenbleibens oder Umkehrens der Fußgeher rechnen.

Als Fußwege, auf welchen die Ortspolizeibehörden das Radfahren zu gestatten befugt sind, kommen nur die öffentlichen, z. B. die als Kirchen-, Schul-, Leichen- rc. Wege dienenden Gemeindeverbindungswege in Betracht. Der Radfahrer wird, soferne nicht aufgestellte Tafeln oder Anschläge das Fahrverbot schon ersichtlich machen (s. a. § 3), gut daran thun, sich über die ortspolizeiliche Gestattung des Befahrens eines Fußweges zu unterrichten, da der gute Glaube an eine Fahrberechtigung vor Bestrafung nicht zu schützen vermag.

## § 3.

Die Distrikts- und Ortspolizeibehörden sind befugt, aus Rücksichten der Sicherheit und Bequemlichkeit des Verkehrs das Befahren bestimmter Wege, Straßen und Plätze und das Bergabfahren auf bestimmten Wegstrecken zeitweilig oder ganz zu untersagen.

An den Anfangs- und Endpunkten derjenigen Strecken von Staats- und Distriktsstraßen und von Gemeindeverbindungswegen, für welche Beschränkungen oder Verbote bezüglich des Radfahrverkehrs bestehen, sind deutlich lesbare, die Beschränkung oder das Verbot enthaltende Tafeln anzubringen.

**Fahrverbote aus Verkehrsrücksichten.** — Aus Rücksichten der Sicherheit und Bequemlichkeit des Verkehrs (vergl. § 366 Nr. 10 R.St.G.B.) können die Distrikts- und Ortspolizeibehörden das Befahren bestimmter Wege, Straßen und Plätze und das Bergabfahren auf bestimmten Wegstrecken zeitweilig oder ganz untersagen. Die Verbote müssen demnach ein thatsächliches Bedürfnis der Sicherheit und Bequemlichkeit des Verkehrs zur Grundlage haben. Ein Bedürfnis für Sichergestaltung des Verkehrs durch solche Verbote kann sich entweder aus der Beschaffenheit der Wege, z. B. in besonders engen Straßen, oder aus der Gestaltung des Verkehrs selbst, insbesondere z. B. seiner Dichtheit und Lebhaftigkeit ergeben. Im Interesse der Bequemlichkeit des Verkehrs wird ein Verbot des Radfahrens nicht aus dem Grunde erlassen werden können, weil etwa der Radfahrverkehr allgemeinhin unbequem und lästig empfunden wird, sondern nur zu dem Ende, um Belästigungen vorzubeugen, welche über das Maß dessen hinausgehen, was sich im gewöhnlichen, regelmäßigen öffentlichen Verkehre jeder Verkehrende von dem anderen gefallen lassen muß. Die Verbote können im Wege distriktspolizeilicher oder ortspolizeilicher Vorschrift oder durch Wegsperre mittels aufgeworfener Gräben, aufgestellter Tafeln oder sonstiger Zeichen (s. **oben S 4 unter** Straßensperre) getroffen werden. Die

Verbote müssen „bestimmte" Straßen bezw. Wegstrecken betreffen, es kann daher nicht allgemeinhin das Radfahren in einem Distriktsverwaltungs- oder Gemeindebezirke verboten werden. Die zeitweiligen Verbote des Befahrens „bestimmter" Straßen sind entweder nur von vorübergehender Geltung, z. B. anläßlich einer Straßenreparatur, eines Kanalbaues u. dergl. oder bei Gelegenheit außergewöhnlicher Ansammlungen größerer Menschenmengen, wie Volksfesten, Truppenbewegungen 2c. oder von dauernder Wirksamkeit, aber mit Beschränkung auf gewisse Tageszeiten oder -Stunden, so insbesondere die Fahrverbote für Straßen und Plätze, in welchen Märkte abgehalten werden, auf die Dauer des betreffenden Marktes, in Straßen mit besonders regem Geschäfts- oder sonstigem Verkehr für die Stunden, in welchen sich dieser Verkehr zu bewegen pflegt (z. B. in München das Fahrverbot für den inneren Stadtrayon während der Zeit von 6 Uhr früh bis 9 Uhr abends). Straßen und Wege, deren Befahren für Radfahrer ganz untersagt ist, dürfen selbstverständlich zu keiner Zeit, weder bei Tag noch bei Nacht benützt werden.

**Sonstige Wegsperren.** — Auch aus anderen Gründen als Sicherheit und Bequemlichkeit des Verkehrs, kommen zeitliche Wegsperren vor, so z. B. das Verbot in ortspolizeilichen Flurordnungen während der Hege-, Reife- und Erntezeit die Flur außerhalb der allgemeinen Verkehrswege zur Nachtzeit zu betreten.

**Bergabfahren.** — Das Verbot des Bergabfahrens auf bestimmten Wegstrecken wird in der Regel für solche Stellen erlassen werden, an welchen für Fuhrwerke durch obrigkeitlichen Anschlag die Einlegung des Radschuhes (bezw. bei Glatteis die Hemmung mittels Eisketten) geboten ist.

**Verbotsanschriften.** — Die Fahrverbote bezw. Fahrbeschränkungen müssen am Anfangs- und Endpunkte der zeitweilig oder ganz gesperrten Strecken von Staats-, Distriktsstraßen und Gemeindeverbindungswegen durch deutlich lesbare Tafeln sichtbar gemacht werden. Für Ortsstraßen ist diese Anordnung nicht getroffen, der Radfahrer muß sich daher, soweit hier Tafeln mit Verbotsanschriften mangeln, auf geeignete Weise Kenntnis verschaffen, ob und welche Ortsstraßen (und Plätze in Ortschaften etwa zeitweilig oder ganz für den Radfahrverkehr geschlossen sind und hat hiebei zu beachten, daß die Unkenntnis von Gesetzes- oder Polizeivorschriften keinen Strafbefreiungsgrund zu bilden vermag.

Ein Uebersehen solcher Verbotsanschriften wird in der Regel Zuwiderhandlungen gegen das betreffende Fahrverbot nicht strafbefreiend entschuldigen, da es zu der vom Radfahrer während der Fahrt zu beobachtenden pflichtmäßigen Aufmerksamkeit gehört, daß er sich vergewissere, ob ein Weg für den Radfahrverkehr offen steht oder nicht. Diese Anforderung gilt auch für die Zeit der Dunkelheit. Unleserlichkeit der Verbotsanschrift (auf verwischten, verwitterten Tafeln) kann nur dann strafbefreiend entschuldigen, wenn der Radfahrer nachweislich von dem betreffenden Fahrverbote auch keine anderweitige Kenntnis hatte. Auf Sprach- und Schriftunkenntnis kann sich nicht zu strafbefreiender Entschuldigung berufen werden.

**Augenblickliche Fahrverbote.** — Abgesehen von diesen Fahr-Verboten und Beschränkungen kann von den vollziehenden Polizeiorganen das Radfahren zur Vermeidung oder Beseitigung zeitweiliger Verkehrsstörungen, auf Brandplätzen und bei ähnlichen Anlässen an Ort und Stelle eingestellt werden.

**Beschwerde gegen Straßensperren und augenblickliche Fahrverbote.** — Die erwähnten Distrikts- oder ortspolizeilichen Fahr-Verbote oder Beschränkungen können von jedem Radfahrer (Vereine, Verbande), welcher sich hiedurch beschwert erachtet, innerhalb des für Verwaltungssachen bestehenden gesetzlichen Instanzenzuges mittels Beschwerde angefochten werden und zwar kann das Gesuch um Abhilfe ebensowohl durch persönliche Benachteiligung der Beschwerdeführer als durch das Vorbringen begründet werden, daß dem Verbote die gesetzlichen Bedingungen seiner Erlassung mangelten bezw. dasselbe im Widerspruche mit zuständigen Vorschriften einer höheren Behörde stehe — z. B. den Fall gesetzt, daß ein allgemeines, nicht für „bestimmte Straßen" sondern den ganzen Bezirk verbindliches Fahrverbot ausgesprochen würde, oder daß das Verbot bezw. die Fahrbeschränkung mit Nachteilen für das öffentliche Wohl verbunden sei, indem es zweckwidrige oder die Radfahrer ohne Not belästigende Maßregeln enthalte, oder aber daß es die Rechte Dritter verletze. Sind dergleichen Fahr-Verbote oder Beschränkungen durch distrikts- oder ortspolizeiliche Vorschrift getroffen, so ist die Beschwerde unmittelbar an die vorgesetzte Kreisregierung, Kammer des Innern, und gegen einen ablehnenden Bescheid der letzteren an das Staatsministerium des Innern zu richten. Solche Beschwerden sind an eine Frist nicht gebunden. Ein Gleiches gilt für die seitens einer Distriktspolizei- (oder Bau-) Behörde für Staats- bezw. Distriktsstraßen oder einzelne Strecken derselben verfügte Straßensperre durch Graben, Tafeln 2c., während Beschwerden gegen ortspolizeilich auf solchem Wege verfügte Straßen- bezw. Streckensperren an die vorgesetzte Aufsichts-Stelle bezw. Behörde (für unmittelbare Städte die Regierungskammer des Innern, für alle anderen Gemeinden das Bezirksamt) zu richten und von hier eventuell im weiteren Rechtszuge bei den nächsthöheren Instanzen (Regierung, Staatsministerium) zu verfolgen sind. Die Beschwerden gegen die Bescheide der Aufsichtsbehörden bezw. Stellen sind binnen 14 tägiger Ausschlußfrist einzulegen. Auf den Vollzug der angefochtenen Anordnung hat die Beschwerde nur dann eine Wirkung, wenn die zur Entscheidung berechtigte, angerufene höhere Stelle die Einstellung des Vollzuges verfügt (Art. 12—14 d. P.St.G.B.). Eine Zuständigkeit des Verwaltungsgerichtshofes zur Bescheidung solcher Gesuche um Abhilfe bezw. Beschwerden ist nicht gegeben.

Gegen sofortige Anordnungen der polizeilichen Vollzugsorgane steht die (in der Regel wohl nur nachträglich anbringbare) Beschwerde an deren vorgesetzte Dienstbehörde (gegen die Gendarmerie an das Bezirksamt, in München an die Polizeidirektion, gegen sonstige Polizeiorgane an die Gemeindeverwaltung, den Magistrat — in München Polizeidirektion) offen, während der weitere Beschwerdeverfolg an die nächst höheren Behörden und Stellen zu richten ist. Im allgemeinen ist zur Vermeidung der Anwendung polizeilichen Zwangs mit nachfolgender Strafe sowie eines etwaigen Widerstandes gegen die Staatsgewalt dringend zu empfehlen, solchen polizeilichen Anordnungen an Ort und Stelle unter Vorbehalt der Beschwerdeführung Folge zu leisten.

**Dauer der Wirksamkeit von Fahrverboten.** — Erinnert soll hier werden, daß zeitweilige, wenn auch länger andauernde Nichtbeachtung von Fahrverboten bezw. die Nichtverfolgung von Zuwiderhandlungen gegen solche die betreffende Anordnung weder unverbindlich noch wirkungslos macht, daher Uebertretungen solcher Verbote insolange unter Strafe stehen, bis die Anordnung in zuständiger Weise aufgehoben oder außer Wirksamkeit gesetzt worden ist.

## § 4.

Jeder Radfahrer ist zur gehörigen Vorsicht bei der Leitung seines Fahrrades verpflichtet.

Uebermäßig schnelles Fahren, Umkreisen von Fuhrwerken, Menschen und Tieren, das Mitführen von Kindern auf dem Fahrrade und sonstige Handlungen, welche geeignet sind, Menschen oder Eigentum zu gefährden, den Verkehr zu stören, Pferde oder andere Tiere scheu zu machen, sind verboten. Der Radfahrer ist verpflichtet, bei Beanstandungen durch Sicherheitsorgane auf Anruf sofort anzuhalten und abzusitzen.

**Pflichtmäßige Vorsicht in Leitung des Fahrrades.** — Die dem Radfahrer zur Pflicht gemachte und wohl auch durch persönliche Einsicht und Sorge für das Eigenwohl gebotene Vorsicht bei Leitung des Fahrrades setzt voraus, daß der Fahrer dem Wege und dem ihn umgebenden Verkehre (von Fuhrwerken und anderen Radfahrern, Reitern, Fußgängern und Viehtransporten) unausgesetzte volle Aufmerksamkeit zuwendet und seine Fahrt stets so einrichtet, daß er die Maschine in seiner vollen Gewalt behält, um, soweit es seinerseits möglich, Gefährdungen und Verletzungen Dritter sowie fremden Eigentums zu vermeiden. Als Verabsäumung solcher Vorsicht muß es jedenfalls gelten, wenn der Fahrer auf abschüssiger Bahn, beim Fahren in belebten Straßen sowie an Stellen und auf Strecken, welche nicht auf eine genügend sichere Entfernung freien Aus- und Ueberblick gestatten, an Straßenwenden rc. beide Hände von der Lenkstange und bezw. Bremsvorrichtung oder an solchen Stellen sowie bei Begegnungen und Ueberholungen die Füße von der Tretkurbel nimmt, die Beine über die Lenkstange legt u. dergl.

Ob der Radfahrer die gehörige Vorsicht angewendet habe, wird (bei Uebertretungen der Fahrvorschriften, Beschädigungen von Personen an Leben oder Gesundheit sowie von fremdem Eigentum der Strafrichter, bei Entschädigungsansprüchen wegen solcher Vorkommnisse der Civilrichter) nach den Umständen des einzelnen Falles prüfen und bei der Feststellung dieser Frage davon ausgehen, ob der Fahrer in seinem Verhalten dem von jedermann rechtlich zu fordernden guten Willen und derjenigen Sorgfalt und Aufmerksamkeit genügt hat, zu deren Anwendung man im öffentlichen Verkehre und bei Benützung des Fahrrades als Verkehrsmittel verpflichtet erscheint.

**Uebermäßig schnelles Fahren.** — Uebermäßig schnelles

Fahren ist durch das R.St.G.B. § 366 Nr. 2 in Städten und Dörfern verboten; nach der uneingeschränkten Fassung des vorstehenden § 4 gilt das Verbot des übermäßigen Schnellfahrens für Radfahrer auch bei der Bewegung auf Verkehrswegen außerhalb der Ortschaften. Uebrigens kann derjenige, welcher außerhalb Ortschaften übermäßig schnell fährt und hiedurch Vorausfahrende oder Reitende zur Einschlagung eines gleichfalls übermäßig schnellen Tempos nötigt, wegen „groben Unfugs“ aus § 360 Nr. 11 R.St.G.B. (Geldstrafe bis zu 150 Mk. oder Haft bis zu 6 Wochen) strafbar werden. Welches Tempo als „übermäßig schnelle“ Fahrt anzusehen sei, ist Thatfrage, die der Richter nach den Umständen des einzelnen Falles festzustellen hat. Die Bestimmung einzelner Polizeivorschriften, „daß nie schneller als gleich der Schnelligkeit eines im kurzen Trabe laufenden Pferdes (der Kilometer beiläufig in sechs Minuten) gefahren werde dürfe,“ wird nicht unbedingt als Ausgangsmaßstab für die Beurteilung der zulässigen Fahrgeschwindigkeit angenommen werden können, vielmehr im einzelnen Falle auf die Beschaffenheit der Oertlichkeit und des in derselben zeitweilig sich bewegenden Verkehrs Rücksicht zu nehmen und eine übermäßig schnelle Fahrt dann als vorhanden zu erachten sein, wenn das Tempo den Radfahrer außer Stand setzt, seine Maschine genügend zu beherrschen und seinerseits in sicherer und verlässiger Weise auszuweichen oder anzuhalten, und auch anderen Verkehrenden die Möglichkeit zu rechtzeitigem sicheren Ausweichen oder Halten benimmt.

**Sonstige verkehrsgefährdende oder störende Handlungen.** — Außer dem Umkreisen von Fuhrwerken und den oben unter „pflichtgemäße Vorsicht“ erwähnten Handlungen wird hieher auch je nach Oertlichkeit und Verkehr in derselben das Bogen-(Volten-) Fahren, ferner das zu frühe und zu schnelle Einbiegen in die Fahrbahn überholter (bespannter) Fuhrwerke gehören. Das Verbot des Mitführens von Kindern auf dem Fahrrade wird zunächst jene Fälle treffen, in welchen das Rad eine Sitzvorrichtung für eine zweite Person nicht hat, dann bei sogen. „Tandems“ die Mitnahme von Kindern unter dem fahrkartenfähigen Alter (vollendetes 14. Lebensjahr s. unten § 12).

Zu den sonstigen verkehrsgefährdenden oder -störenden Handlungen wird nach Umständen auch das Mitführen eines zweiten Fahrrades mit der Hand während der Fahrt zählen, insoferne es den Fahrer behindern kann, der Leitung des von ihm eingenommenen Rades die pflichtmäßige Vorsicht voll zuzuwenden, Bremse und Glocke entsprechend zu handhaben, rechtzeitig und genügend auszuweichen.

Mit den hier getroffenen Vorschriften konkurriert noch § 366 Nr. 7 R.St.G.B., wodurch das Werfen von Steinen oder harten Körpern oder Unrat auf Menschen, Pferde oder andere Zug- und Lasttiere mit Strafe bedroht, ferner Art. 84 b. P.St.G.B., in welchem bei Strafe (Geld bis zu 60 Mk., Haft bis zu 14 Tagen) verboten ist, an Orten, wo Personen oder fremdes Eigentum beschädigt werden können, Tiere geflissentlich zu reizen, scheu oder wild zu machen. Im ersteren Falle ist es zur Strafbarkeit nicht erforderlich, daß die Menschen oder Tiere, auf welche geworfen wird, auch wirklich getroffen werden. Im zweiten Falle genügt zum strafbaren Thatbestande die Möglichkeit, daß die Tiere an dem Orte, an dem sie geflissentlich gereizt, scheu oder wild gemacht werden, einen Schaden anrichten, ohne daß auch ein solcher thatsächlich eingetreten sein muß.

**Verhalten bei Beanstandungen durch Sicherheitsorgane.**

Nach dem Wortlaute des Schlußsatzes in § 4 erscheint der Radfahrer nicht in jedem Falle der Einschreitung eines Sicherheitsorganes zum Anhalten und Absitzen verpflichtet, sondern nur dann, wenn er bei Beanstandungen durch Anruf des Sicherheitsorganes zum Anhalten und Absitzen aufgefordert wird. Bei einfachem Achtungsrufe, bloßer Verwarnung vor ordnungswidrigem Verhalten oder einer bloßen Anweisung zu einem bestimmten Verhalten, braucht der Radfahrer die Fahrt nicht zu unterbrechen, soferne er im Stande ist, bei Fortsetzung der Fahrt den Warnungen oder Anweisungen des Sicherheitsorganes in vollkommen genügender, vorschriftsgemäßer Weise zu genügen. Der Zweck des Anrufes zum Anhalten und Absitzen (beides hat nach Anruf zu geschehen) kann die Kontrolle des Radfahrers über seine Persönlichkeit — Einsichtnahme der Fahrkarte s. § 12 unten — die Einvernahme über wahrgenommene oder ihm von Dritten zur Last gelegte strafbare Handlungen, Gegenüberstellung mit Thatzeugen und Beschädigten ꝛc. aber auch die gelindeste polizeiliche Zwangsmaßnahme zur Verhinderung der Fortsetzung strafbaren Verhaltens sein. Der Anruf soll dem Angerufenen deutlich und bestimmt die Aufforderung zum Anhalten und Absitzen vernehmlich oder erkennbar machen; der Radfahrer wird aber immerhin gut thun, auch in Zweifelsfällen anzuhalten und abzusitzen. Die Nichtbefolgung der polizeilichen Aufforderung zum Anhalten und Absitzen berechtigt die Polizeiorgane zur Nacheile und Zwangsgestellung des Angerufenen.

**Zwangsgestellung und vorläufige Festnahme.** — Da der Ungehorsam gegen einen solchen Anruf eine strafbare Handlung bildet, hat jedermann, gleichviel ob Polizeiorgan oder sonstiger öffentlicher Beamter oder Privater die Befugnis, den enteilenden Radfahrer als auf frischer That Betretenen oder Verfolgten festzunehmen und der Polizeibehörde bezw. dem Amtsrichter des Bezirkes des Festnahmeortes vorzuführen (§ 127 d. St.Pr.O.).

**Widerstand gegen die Staatsgewalt.** — Widerstandleistung durch Gewalt, durch Bedrohung mit Gewalt oder mittels thätlichen Angriffs gegenüber einem Sicherheitsorgane, welches eine solche Zwangsgestellung, Nacheile oder vorläufige Festnahme in rechtmäßiger Ausübung seines Amtes vornimmt bezw. vorzunehmen versucht, ist als Widerstand gegen die Staatsgewalt mit Gefängnis von vierzehn Tagen bis zu zwei Jahren, bei mildernden Umständen mit Gefängnis bis zu einem Jahre oder an Geld bis zu 1000 Mark strafbar. Wird eine solche Handlung gegen Personen, welche zur Unterstützung des Beamten (Sicherheitsorganes) zugezogen waren, oder gegen Mannschaften der bewaffneten Macht oder einer Gemeinde-, Schutz- (z. B. Feuer-) oder Bürgerwehr in Ausübung des Dienstes begangen, so unterliegt sie gleichfalls als Widerstand gegen die Staatsgewalt den vorbemerkten Strafen. Wird durch einen solchen Widerstand oder Angriff eine Körperverletzung an dem Sicherheitsorgane oder einer der anderen obenbenannten Personen begangen, so tritt Zuchthausstrafe bis zu zehn Jahren, bei mildernden Umständen Gefängnisstrafe nicht unter drei Monaten ein. Wer eine Behörde oder einen Beamten zur Unterlassung einer Amtshandlung durch Gewalt oder Drohung nötigt, unterliegt einer Gefängnisstrafe nicht unter drei Monaten, bei mildernden Umständen einer solchen bis zu zwei Jahren (§ 114 R.St.G.B.).

Jedem amtlich thätigen Beamten steht die Vermutung der Gesetz-(Recht-)mäßigkeit seines Verfahrens zur Seite. Wer dies außer Acht läßt, thut dies auf eigene Gefahr und hat die Strafe wegen Widerstands gegen die Staatsgewalt verwirkt, wenn der Beamte wirklich oder im guten Glauben in rechtmäßiger Ausübung seines Amtes begriffen war. Um die betreffende Amtshandlung zu einer rechtmäßigen zu machen, kommt es nur darauf an, ob die Vollstreckungshandlung aus Auftrag oder auf Befehl der örtlich und sachlich zuständigen Vorgesetzten vorgenommen worden ist, und erscheint es an sich unwesentlich, ob der Auftrag oder Befehl der Sachlage angemessen und richtig war. Handelt der Beamte innerhalb des ihm zugewiesenen dienstlichen Wirkungskreises nach eigenem Ermessen und aus eigenem Antriebe selbständig, so macht ein Irrtum desselben über die rechtlichen Bedingungen seiner Handlung diese allerdings zu unrechtmäßiger und damit den allenfalls gegen dieselbe geleisteten Widerstand straflos. Dagegen entzieht eine Irrung des Beamten über die thatsächlichen Voraussetzungen seiner Amtshandlung dieser nicht die Eigenschaft der Rechtmäßigkeit und ist ein hiegegen geübter Widerstand strafbar (§ 110 u. ff. R.St.G.B.).

**Bestechung.** — Zu beachten ist auch, daß das R.St.G.B. § 333 denjenigen mit Gefängnis (bei mildernden Umständen mit Geldstrafe bis zu 1500 Mk.) bedroht, welcher eine Bestechung von Beamten (einschließlich der Sicherheitsbeamten) unternimmt, indem er denselben Geschenke oder andere Vorteile anbietet, verspricht oder gewährt, um sie zu Verletzungen einer Dienst- oder Amtspflicht zu bestimmen.

**Vorläufige Festnahme und Verhaftung.** — Zur vorläufigen Festnahme einer Person sind die Polizei- und Sicherheitsbeamten ohne richterlichen Haftbefehl befugt, wenn gegen die betr. Person dringende Verdachtsgründe vorhanden sind und sie entweder der Flucht verdächtig ist oder Thatsachen vorliegen, welche darauf schließen lassen, daß dieselbe Spuren der That vernichten oder Zeugen oder Mitschuldige zu einer falschen Aussage oder Zeugen dazu verleiten werde, sich der Zeugnispflicht zu entziehen — und wenn neben diesen Voraussetzungen Gefahr im Verzuge obwaltet. Bei Thaten, welche nur mit Haft oder Geldstrafe bedroht sind (also insbesondere bei Uebertretungen), ist die vorläufige Festnahme nur wegen Fluchtverdacht und gegen Heimatlose oder Landstreicher oder gegen Personen zulässig, die sich nicht gehörig auszuweisen vermögen oder Ausländer sind, gegen welche begründeter Zweifel besteht, daß sie sich auf Ladung dem Gerichte stellen und dem Urteile Folge leisten werden. Bei Verbrechen, sowie in Ansehung der eben bezeichneten Personen, bedarf der Verdacht der Flucht keiner weiteren Begründung. Bei strafbaren

Handlungen, deren Verfolgung nur auf Antrag eintritt (z. B. Beleidigung, leichte Körperverletzung, einfache Sachbeschädigung), ist die vorläufige Festnahme von der Stellung eines solchen Antrages nicht abhängig. Der vorläufig Festgenommene ist unverzüglich dem Amtsrichter des Bezirks, in welchem die Festnahme erfolgte, vorzuführen und vom Amtsrichter spätestens am Tage nach der Vorführung zu vernehmen. Hält der Amtsrichter die Festnahme nicht für gerechtfertigt oder die Gründe derselben für beseitigt, so verordnet er die Freilassung, andernfalls erläßt er Haftbefehl, welcher dem Festgenommenen (Verhafteten) sofort oder spätestens am Tage nach seiner Einlieferung in das Gefängnis unter Belehrung über das Beschwerderecht eröffnet werden muß. Ein Angeschuldigter, dessen Verhaftung lediglich wegen Fluchtverdachts angeordnet ist (z. B. Ausländer), kann gegen Sicherheitsleistung in Bargeld, Wertpapieren, durch Pfandbestellung oder mittels Bürgschaft geeigneter Personen mit der (Untersuchungs-) Haft verschont werden. Die Höhe und Art der Sicherheitsleistung wird vom Richter nach freiem Ermessen festgesetzt (§§ 112 u. ff. d. St.Pr.O.).

Außerdem sind Behörden und Beamte des Polizei- und Sicherheitsdienstes berechtigt, auf frischer That betretene Personen vorläufig festzunehmen, wenn die Festnahme notwendig ist, um die Fortsetzung der strafbaren Handlung zu verhindern. Der vorläufig Festgenommene ist, soferne er nicht wegen Wegfalls der Ursache der Festnahme sofort wieder in Freiheit gesetzt wird, dem Amtsrichter des Bezirkes, in welchem die Festnahme erfolgte, vorzuführen. Dieser hat, soferne nicht ein anderer die Festnahme rechtfertigender Grund vorhanden ist, die Freilassung anzuordnen, sobald eine Fortsetzung der strafbaren Handlung nach den Umständen nicht mehr mit Grund zu befürchten ist. Die Festnahme zur Verhinderung der Fortsetzung strafbarer Handlungen darf in keinem Falle über 24 Stunden fortgesetzt werden (Art. 102 d. A.G. z. St.Pr.O.).

**Verfahren gegen Betrunkene.** — Betrunkene, welche öffentliches Aergernis erregen, Unfug treiben und Störungen verursachen, können von öffentlichen Wegen, Plätzen ꝛc. entfernt, und wenn sie die Sicherheit dritter Personen oder fremden Eigentums gefährden oder Störungen der öffentlichen Ruhe verüben, soweit es zur Verhütung weiteren Unfugs nötig ist, auf höchstens 24 Stunden in polizeilichen Gewahrsam genommen werden (Art. 55 d. P.Str.G.B.).

**Sicherheitsorgane.** — Als Sicherheitsorgane kommen hier zunächst die Gendarmerie, sonstige polizeiliche Vollzugsbeamte (Sicherheitskommissäre und Offizianten, Geheimpolizisten, Kriminalgendarmen), dann das gemeindliche Polizei-Hilfspersonal (Schutzmannschaften, Gemeinde- und Polizeidiener, Nachtwächter, Flurhüter ꝛc.) in Betracht. Auch dem Straßenwärterpersonale kömmt, insbesondere bei Zuwiderhandlungen gegen die zum Schutze der Straßen bestehenden Vorschriften, Einschreitung und Kontrolle an Ort und Stelle zu.

**Forstfrevel.** — Soweit es sich um Forstfrevel (s. z. B. S. 6 über das Fahren in Waldungen) handelt, ist außer dem erwähnten Polizeipersonale auch das forstpolizeiliche Hilfspersonal (alle im niederen Forstdienste überhaupt oder zum Forstschutze insbesondere aufgestellten Diener des Staates, der Gemeinden, Stiftungen, Körperschaften und Privatpersonen) befugt, auf frischer That betretene, ihm unbekannte Personen oder im Deutschen Reiche nicht begüterte Ausländer vor den zunächst wohnenden Gemeindevorstand zu führen und die gleiche Maßregel gegen bekannte Personen, sowie im Deutschen Reiche begüterte Ausländer zu ergreifen, wenn dieselben ungeachtet geschehener Aufforderung von der Fortsetzung einer Uebertretung oder eines Frevels nicht abstehen und sich nicht auf der Stelle aus dem Walde entfernen (Art. 127 b. Forst-G.). Der Gemeindevorstand kann, wenn er es zur Verhinderung der Fortsetzung der Uebertretung für notwendig erachtet, den Vorgeführten bis zu 24 Stunden in Haft bringen lassen (Art. 128 b. Forst-G.).

**Uebertretungen der Bahnordnung.** — Die Bahnpolizeibeamten sind befugt, jeden auf einer Uebertretung der Bahnordnungen Betroffenen oder unmittelbar danach Verfolgten, soferne derselbe sich über seine Person nicht auszuweisen vermag oder die Festnahme zur Verhinderung der Fortsetzung einer strafbaren Handlung notwendig ist, vorläufig festzunehmen. Bei Bestellung angemessener Sicherheit, welche den Höchstbetrag der angedrohten Strafe nicht übersteigen darf, ist der Betretene mit der Festnahme zu verschonen; es wäre denn seine strafbare Handlung ein Verbrechen oder Vergehen, in welchem Falle der Schuldige durch Bestellung sich der vorläufigen Festnahme nicht entziehen kann. Der Festgenommene ist unverzüglich, soferne er nicht wieder in Freiheit gesetzt wird, dem Amtsrichter desjenigen Bezirks, in welchem die Festnahme erfolgte, vorzuführen. Der Festgenommene kann durch Mannschaften aus dem auf der Bahn befindlichen Arbeitspersonale in Bewachung genommen und unter Mitgabe einer Festnehmungskarte an den Bestimmungsort geliefert werden (Betriebsordnungen § 47 ꝛc.).

**Beschwerden gegen Einschreitungen der Sicherheitspolizeiorgane.** — Abgesehen von der Haftbeschwerde, welche der richterlichen Entscheidung unterliegt, kann gegen Einschreitungen der Sicherheitsorgane gegen letztere bei ihrer vorgesetzten Dienstbehörde (gegen Gendarmen beim Bezirksamte bezw. der Polizeidirektion München, gegen das übrige Polizeipersonal bei der betreffenden Gemeindebehörde — Magistrat, Gemeindeverwaltung) Beschwerde erhoben und im Instanzenzuge für Verwaltungs- bezw. Polizeisachen weiter verfolgt werden. Beschwerden gegen das forstpolizeiliche Hilfspersonal sind bei der Forstpolizeibehörde bezw. bei den Forstämtern, jene gegen Bahnpolizeibeamte bei der nächstvorgesetzten Bahnbehörde anzubringen.

**Militärische Pulvertransporte.** — Den von den Begleitkommandos militärischer Pulvertransporte im Interesse der Sicherheit ergehenden Aufforderungen zu Handlungen oder Unterlassungen (Langsampassieren, Ausweichen u. s. w.) muß ungesäumte Folge geleistet werden und kann nötigenfalls das Begleitkommando, unbeschadet der Strafanzeige und folgenden Strafeinschreitung, unmittelbaren Zwang zur Durchführung solcher Aufforderungen in Anwendung bringen.

Ueber die Kontrolle behufs Erhebung der Personalien und Feststellung der Identität s. unten § 12 das Nähere.

## § 5.

Innerhalb der Ortschaften, insbesondere beim Passieren von Brücken, Thoren, engen Straßen und starken Straßenkrümmungen, beim Bergabfahren, beim Einbiegen aus einer Straße in die andere, bei der Ausfahrt aus Häusern, Höfen und Grundstücken, die an öffentlichen Straßen liegen, bei der Einfahrt in solche und überall da, wo ein lebhafter Verkehr von Wagen, Reitern, Radfahrern oder Fußgängern stattfindet, muß langsam gefahren werden.

**Innerhalb von Ortschaften.** — Innerhalb einer Ortschaft bewegt sich der Verkehr, insolange die Straßen, Wege oder Plätze sich zwischen zusammenhängenden Reihen oder Gruppen von Bauanlagen eines Ortes (Stadt, Markt, Dorf, je nach Zahl und Lage der Baulichkeiten auch Weiler [sog. Ortschaften im engeren Sinne]) hinziehen. Der Ortszusammenhang ist keineswegs durch „geschlossene Bauweise" noch dadurch bedingt, daß die Verkehrswege durchlaufend auf beiden Seiten von Bauanlagen und deren Zugehörungen begrenzt werden, sondern als bestehend anzunehmen, solange die Gestaltung der Bauanlagen und Zugehörungen eine Ortsgruppe bildet, deren Bestandteile nicht durch weitere Strecken freier Straße oder freien Landes getrennt werden. Den Gegensatz bilden „vereinzelt liegende Bauten und Anwesen" und das freie Feld mit freier (von Bauanlagen nicht umgebener) Straße — das Gebiet außerhalb der Ortschaften.

Im einzelnen Falle wird es eine richterlich festzustellende Thatfrage bilden, ob ein Verkehrsplatz noch als innerhalb einer Ortschaft oder als außerhalb derselben gelegen zu erachten sei.

**Brücken.** — Hier ist auch auf das in den oberpolizeilichen Vorschriften vom 4. Januar 1872 § 1 enthaltene Verbot hinzuweisen, auf ganz oder teilweise aus Holz oder Eisen hergestellten Brücken anders als im Schritte zu fahren.

**Langsam Fahren bei lebhaftem Verkehre.** — Der vorstehende Paragraph enthält gegenüber mehrfachen bisher in Kraft gestandenen polizeilichen Radfahrordnungen insoferne eine Milderung, als er da, wo lebhafter Personenverkehr stattfindet, nur langsames Fahrtempo gebietet, während erstere in gleichen Fällen Fahrteinstellung und Absteigen forderten. Die hier gegebene Bestimmung steht jener des § 3 oben nicht entgegen. Wo aus Rücksichten der Sicherheit und Bequemlichkeit des Verkehrs das Radfahren (und insbesondere auch das Bergabfahren) distrikts- oder ortspolizeilich zeitweilig oder ganz untersagt ist, darf überhaupt nicht, also auch nicht im Schritte gefahren werden; wo aber das Fahren trotz lebhaften Verkehrs gestattet ist, hat der Fahrer ein langsames Tempo einzuhalten.

Erwähnt sei hier die Vorschrift für den allgemeinen Fahrverkehr, daß an Fuhrwerken, welche explosive Stoffe führen (dieselben müssen als Warnungszeichen eine von weitem erkennbare schwarze Fahne mit weißem P tragen) nur im Schritte passiert werden darf (Min.-Bek. vom 9. August 1879 § 12).

**Langsames Fahrtempo.** — Welches Fahrtempo als „Langsamfahren" zu erachten sei, erscheint als Thatfrage der Würdigung und Feststellung nach den Umständen des einzelnen Falles überlassen. Das österreichische Reglement vom 13. April 1897 bezeichnet als Langsamfahrt die Marschgeschwindigkeit eines kräftigen Fußgängers. In der Regel wird als „Langsamfahrt" ein Tempo genügen, das einerseits dem Fahrer sofortiges Ausweichen, Anhalten und Absteigen gestattet, anderseits Entgegenkommenden noch hinreichend Zeit läßt, auch auf kurzen Abstand noch genügend und sicher auszuweichen.

S. übrigens auch die Bemerkungen zu §§ 8 und 11 unten.

## § 6.

Jedes Fahrrad muß während des Gebrauches mit einer sicher wirkenden Hemmvorrichtung und einer Signalglocke versehen sein.

Der Gebrauch von Signalpfeifen, Huppen und beständig tönenden Glocken (Schlittenschellen u. dgl.) ist untersagt.

**Ausrüstung des Fahrrades.** — Während des Gebrauches, d. h. während der Benützung zur Fahrt. Die Glocke muß jedenfalls einen kräftigen, auf weitere Entfernung vernehmbaren Ton haben, um die in § 8—10 vorgeschriebenen Zeichen in rechtzeitig vernehmlicher Weise abgeben zu können. Die in verschiedenen bisher giltig gewesenen Polizeivorschriften gebotene Signalisierung mittels Pfeife oder Huppe kann hienach als den oberpolizeilichen Vorschriften entgegenstehend nicht wieder aufgenommen werden.

## § 7.

Vom Eintritt der Dunkelheit ab ist jedes Fahrrad während der Fahrt mit einer hell brennenden Laterne zu versehen. Ihr Licht muß nach vorne fallen; ihre Gläser dürfen nicht farbig sein.

**Beleuchtung des Fahrrades.** — Das Fahrrad muß von Eintritt der Dunkelheit an (bis Tagesanbruch) während der Fahrt, also sobald und solange der Fahrer das Rad einnimmt, mit einer durch hellbrennendes Licht beleuchteten Laterne versehen sein. Wenn das Rad vom abgestiegenen Fahrer mit der Hand geschoben wird, erscheint demnach eine Beleuchtung der Radlaterne nicht geboten, wohl aber mit dem Augenblicke, in welchem der Fahrer das Rad behufs Beginnes der Fahrt zum Antriebe vor dem Aufsitzen vorwärts schiebt. Die Vorschrift des Paragraphen legt dem Radfahrer die Pflicht auf, dafür zu sorgen, daß die Beleuchtungsvorrichtung der Radlaterne möglichste Brenndauer und genügenden Schutz gegen Verlöschen durch Wind und Wetter und andere Zufälligkeiten besitzt. Der Gebrauch farbiger Laternengläser, insbesondere roter, grüner oder blauer, welche zu Verwechselung mit Eisenbahnsignalen führen können, ist verboten.

## § 8.

Der Radfahrer hat sich entgegenkommenden oder zu überholenden Menschen, insbesondere Führern von Fuhrwerken und Treibern von Vieh, mit der Glocke rechtzeitig bemerklich zu machen. Mit dem Glockensignal ist sofort aufzuhören, sobald dadurch Pferde oder andere Tiere unruhig oder scheu werden.

**Rechtzeitige Signalgebung.** — Rechtzeitig erscheint das Glockensignal dann gegeben, wenn es bei einem — nach der Fahrgeschwindigkeit des Radfahrers so zu bemessenden räumlichen Abstande von entgegenkommenden oder sich vorausbewegenden Menschen (Fußgängern, Fuhrwerksführern und Treibern von Vieh, wozu auch die Führer von Handpferden und ledigen Gespannen zu zählen sein werden, ferner Reitern s. § 9) erfolgt, daß die Begegnenden und bezw. zu Ueberholenden ausreichend Zeit finden, genügend auszuweichen. Die Feststellung der rechtzeitig geschehenen Abgabe des Signales im einzelnen Falle ist indeß eine Thatfrage.

Empfehlen wird es sich für Radfahrer, auch überall dort das Glockensignal zu geben, wo wegen mangelnder ausreichender Uebersicht über den vorliegenden Weg das „Langsamfahren“ geboten ist, so auf starken Straßenkrümmungen, an Straßenwenden (und Kreuzungen), bei der Einfahrt in Thore, in Häuser, Höfe und andere Grundstücke an öffentlichen Straßen, sowie bei der Ausfahrt aus solchen Oertlichkeiten. Muß der

Radfahrer nach erfolgter Signalgebung aus dem Verhalten der Gewarnten ersehen, daß auch bei Abminderung der Fahrgeschwindigkeit auf Langsamfahrt ein sicheres (ungefährliches) Vorbeikommen zwischen ihm und den Begegnenden oder sich Vorausbewegenden nicht mehr möglich ist, so erübrigt ihm nur Unterbrechung der Fahrt durch Anhalten und Absteigen. Wird er von Passanten mutwillig (also vorsätzlich) in diese Lage gebracht, so steht ihm der unten bei § 9 zu besprechende strafrechtliche Schutz aus § 366 Nr. 3 R.St.G.B. zur Seite. Durch die Anordnung der Signalgebung mittels Glocke ist übrigens nicht ausgeschlossen, daß der Radfahrer bei Nichtbeachtung des Glockensignales die Aufmerksamkeit der betreffenden Passanten mittels Warnungsrufes zu erregen versucht, um seinerseits der pflichtmäßigen Vorsicht bis zum Aeußersten zu genügen.

**Verhalten bei scheuenden Tieren.** — Sobald entgegenkommende oder zu überholende Tiere (Pferde oder andere Tiere) unruhig oder scheu werden, muß der Radfahrer sofort das Glockensignal einstellen und langsam fahren oder, soferne nach den Umständen auch die Langsamfahrt nicht jede Gefahr voraussichtlich ausschließt, absteigen (**vergl.** § 11). Ob die scheuenden Tiere (Gespanne an Fuhrwerken oder ledige Gespanne, an ein Fahrzeug angehängt sind, von Reitern benützt oder geführt werden (z. B. Handpferde), Transportvieh (im Triebe als Herde, Koppel oder als Einzeltriebe) sind, ob sie sich in Bewegung befinden oder stille stehen, macht keinen Unterschied. Werden die betreffenden Tiere in Städten, Dörfern, auf öffentlichen Wegen, Straßen oder Plätzen oder an anderen Orten, wo sie durch Ausreißen, Schlagen oder auf andere Weise Schaden anrichten, mit sträflicher Vernachlässigung der erforderlichen Sicherheitsmaßregeln stehen gelassen oder gefahren (s. § 366 Nr. 5 R.St.G.B.), so erscheint der Radfahrer, welcher diese Thatsache wahrgenommen hat bezw. wahrnehmen konnte und mußte, und gleichwohl die in §§ 8 mit 11 gebotenen Vorsichtsmaßregeln verabsäumt, auch seinerseits von einer schuldhaften Ordnungswidrigkeit nicht frei und hat Strafverfolgung aus der Radfahrordnung (§ 16 der oberpolizeilichen Vorschriften und § 366 Nr. 10 R.St.G.B.), bezw. aus Art. 84 b. P.St.G.B., event. § 360 Nr. 11 R.St.G.B. (wegen groben Unfugs) zu gewärtigen.

Auch Gänseherden gegenüber werden die gebotenen Vorsichtsmaßregeln zu beobachten sein, da durch Scheuen derselben und das hiebei vorkommende Schlagen und Lärmen mittelbar andere Tiere in gefährdender Weise scheu gemacht werden können.

## § 9.

Entgegenkommenden Fuhrwerken, Menschen (Reitern, Radfahrern), Viehtransporten u. s. w. hat der Radfahrer rechtzeitig und genügend nach rechts auszuweichen oder, falls dieß die Oertlichkeit oder sonstige Umstände nicht gestatten, solange anzuhalten oder abzusteigen, bis die Bahn frei ist. Um ihm dieß zu ermöglichen, haben erforderlichen Falles die Fuhrwerke, Menschen (Reiter u. s. w.) den entgegenkommenden Radfahrern nach der rechten Seite hin angemessen auszuweichen.

**Ausweichen vor Menschen.** — Aus der dem Worte „Menschen" in Klammern beigefügten Erläuterung „Reiter, Radfahrer" ergibt sich, daß der Fußgeher in der Regel und unter gewöhnlichen Umständen keinen Anspruch darauf hat, daß der Radfahrer ihm ausweiche (vergl. hiezu auch die Ministerialbekanntmachung vom 23. Juni 1862, welche gleichfalls keine Vorschrift darüber enthält, daß Reiter, Fuhrwerke &c. Fußgängern auszuweichen haben). Die durch verschiedene bisher verbindliche Polizeivorschriften getroffene Anordnung, daß der Radfahrer entgegenkommenden Fußgängern allgemeinhin seinerseits auszuweichen habe, kann daher als den oberpolizeilichen Vorschriften entgegenstehend nicht mehr erneuert werden. Zu beachten ist aber, daß der Radfahrer beim Verkehre auf Straßen-Fußbänken, deren Befahren ihm gestattet ist, gemäß § 2 beim Entgegenkommen (oder Einholen) von Fußgängern die Fußbank rechtzeitig zu verlassen, also hier dem Fußgänger auszuweichen hat. Immerhin können aber Fälle eintreten, in welchen dem Radfahrer zur Vermeidung eines mindest fahrlässigen Verschuldens zu empfehlen ist, auch auf freier Fuhrwerkfahrbahn entgegenkommenden Fußgängern auszuweichen, so gegenüber Personen, welche sichtlich infolge Schwerhörigkeit oder Taubheit oder anderer Gebrechen außer Stande sind, den entgegenkommenden Radfahrer wahrzunehmen oder seine

Signale zu vernehmen, ferner gegenüber Personen, welche infolge Ueberraschung sich offensichtlich nicht sofort bewußt werden, wie sie ausweichen sollen, gegenüber Kindern zc. Schon die Sorge für die eigene Sicherheit muß hier den Radfahrer veranlassen und bestimmen, die entsprechende Sorgfalt zu üben.

**Rechtsausweichen.** — Das Ausweichen muß nach „rechts" geschehen, ist dies nicht möglich, so erübrigt nur „Anhalten bezw. Absitzen".

**Rechtzeitiges und genügendes Ausweichen.** — Ueber das „rechtzeitige" Ausweichen vergl. die Bemerkungen zu § 8 oben (S. 22). „Genügend" ist das Ausweichen dann, wenn der Radfahrer soweit zur Seite ablenkt, daß die Entgegenkommenden (Fuhrwerke, Reiter, Radfahrer oder Viehtransporte zc. — vergl. oben die Bemerkungen zu § 8) hinreichenden Raum zu bequemen und vollständig ungefährdeten Vorüberkommen haben (s. hiezu §§ 3 Abs. II und 5, I Ziff. 1 Abs. 2 der Ministerialbekanntmachung vom 23. Juni 1862).

**Sonstige Vorschriften über Ausweichen.** — Folgende Bestimmungen der eben erwähnten Ministerialbekanntmachung vom 23. Juni 1862 erscheinen im Hinblicke auf § 1 der oberpolizeilichen Vorschriften auch für den Radfahrer verbindlich:

Bei Begegnungen Ihrer Majestäten des Königs und der Königin, wenn Allerhöchstdieselben sich zu Wagen oder Pferd befinden, muß rasch auf die Seite gefahren und solange gehalten werden, bis Ihre Majestäten vorüber sind (gilt sinngemäß auch für Begegnungen Seiner Königlichen Hoheit des Prinz-Regenten).

Anderen zu Wagen oder Pferd befindlichen Mitgliedern des Königlichen Hauses muß nach der entgegengesetzten Seite ganz ausgewichen werden (§ 1 Abs. II und III).

Extraposten und Postfuhrwerken jeder Art haben alle Nichtpostfuhrwerke nach der entgegengesetzten Richtung, welche der Postillon befährt, auf das von letzterem gegebene Zeichen (Postrufe mittels Hornstoß) ganz auszuweichen. — Das Postgesetz vom 28. Oktober 1871 bestimmt in § 19: Jedes Fuhrwerk muß den ordentlichen Posten, sowie den Extraposten, Kurieren und Estafeten auf das übliche Signal ausweichen.

Fuhrwerken, welche Explosivstoffe führen, muß ganz ausgewichen werden (und zwar in langsamer Fahrt). — Minist.-Bekanntmachung vom 9. August 1879 § 12.

**Verhalten bei Unmöglichkeit des Ausweichens.** — Wo die Oertlichkeit oder sonstige Umstände das vorschriftsmäßige Ausweichen nicht gestatten, hat der Radfahrer solange anzuhalten, bis die Bahn frei ist, bezw. abzusteigen. Letzten Falles gilt der Radfahrer offenbar als Fußgänger und kann es ihm nicht verwehrt werden, die betreffende Stelle zu passieren, indem er das Rad mit der Hand schiebt; selbstverständlich bleibt er aber auch in diesem Falle straf und civilrechtlich haftbar, soferne er durch sein Passieren Schäden an Leben und Gesundheit Dritter oder an fremdem Eigentume verursacht. Siehe übrigens oben die Bemerkungen über „Rechtsausweichen."

**Verhalten entgegenkommender Fuhrwerke ꝛc.** — Fuhrwerke, Reiter, andere Radfahrer, Viehtransporte haben dem entgegenkommenden Radfahrer zur Ermöglichung des Ausweichens nach der rechten Seite hin „angemessen" auszuweichen. „Angemessen" ausgewichen wird, indem der zu bequemem und gefahrlosen Vorüberkommen notwendige Platz gewährt wird. Ob der angemessene Raum gegeben wurde, ist eine nach den Umständen des einzelnen Falles zu beurteilende Thatfrage. Wird dem Radfahrer da, wo die Breite und Beschaffenheit des Weges es gestattet, der angemessene notwendige Platz zum Rechtsausweichen vorsätzlich (mutwillig) nicht gelassen, so steht demselben der Schutz des § 366 Nr. 3 R.St.G.B. zur Seite.

## § 10.

Beim Ueberholen der Fuhrwerke, Reiter u. s. w. hat der Radfahrer links in beschleunigter Geschwindigkeit vorbeizufahren. Das zu überholende Fuhrwerk hat auf das gegebene Warnungszeichen (Glockensignal) erforderlichen Falles soweit nach rechts auszuweichen, daß der Radfahrer ohne Gefahr vorbeikommen kann.

An Ecken und Kreuzungspunkten von Straßen und Brücken, in Thoren, sowie überall, wo die Fahrbahn durch Fuhrwerke u. s. w. verengt ist, ist das Ueberholen verboten. Beim Ausweichen oder Ueberholen darf nicht mit größerer Geschwindigkeit gefahren werden, als der Zweck es erfordert.

**Links vorfahren.** — Das Vorfahren, d. h. das Ueberholen von Fuhrwerken, Reitern, Radfahrern, Fußtransporten 2c. muß, wie dies die Ministerialbekanntmachung vom 23. Juni 1862 allgemein vorschreibt (§ 5, I Ziff. 3), auch beim Radfahren auf der linken Seite geschehen und zwar mit „beschleunigter Geschwindigkeit", welche jedoch keine größere sein darf, als es der Zweck, die Voraus-Fahrenden 2c. zu überholen, erfordert. In einzelnen Vorschriften wird diese „beschleunigte Geschwindigkeit" als jene eines „schnellfahrenden Wagens" festgesetzt; es wird sich jedoch die Bemessung der erforderlichen Geschwindigkeit nach den Umständen des einzelnen Falles zu richten haben und als Thatfrage zu würdigen sein. Jedenfalls darf sie in Städten und Dörfern keine „übermäßig schnelle" sein und kann als letztere auf offener Landstraße der Bestrafung als grober Unfug unterliegen (s. oben zu § 4 S. 13). Zu beachten ist hierzu die Vorschrift, daß an Fuhrwerken, welche Sprengstoffe befördern, nur langsam vorbeigefahren werden darf.

**Verhalten der zu Ueberholenden.** — Das zu überholende Fuhrwerk hat auf gegebenes Glockenzeichen des Radfahrers erforderlichen Falles, also wenn nicht zur linken Seite des Fuhrwerks ohnehin ein zum gefahrlosen Vorbeikommen des Radfahrers ausreichender Teil der Fahrbahn frei ist, auf die rechte soweit auszubiegen, daß der überholende Radfahrer ohne Gefahr links vorbeikommen kann. Gemäß § 5, II Ziff. 3 der Ministerialbekanntmachung vom 23. Juni 1862 haben auch Viehherden die nachkommenden schneller fahrenden Fuhrwerke auf die bezeichnete Weise links vorüberzulassen. Im Hinblicke auf die Eingangsworte des vorstehenden § 10 „beim Ueberholen der Fuhrwerke, Reiter u. s. w." muß die Verpflichtung der Viehherden bezw. ihrer Führer, nachkommende schneller sich bewegende Fuhrwerke links vorüberzulassen, auch als den Radfahrern gegenüber verbindlich erachtet werden. Mutwillige (vorsätzliche) Verhinderung des Vorfahrens von Radfahrern durch Nicht- oder ungenügendes Ausbiegen nach rechts macht die zu Ueberholenden aus § 366 Nr. 3 R.St.G.B. straffällig.

**Verbot des Vorfahrens (Ueberholens).** — Abgesehen von den Fällen, in welchen der vorstehende § 9 das Ueberholen von Fuhrwerken 2c. als unstatthaft erklärt, verbietet § 1 der Ministerialbekanntmachung vom 23. Juni 1862 auch, den zu Wagen oder Pferde befindlichen Mitgliedern des Königlichen Hauses vorzufahren. Im Hinblicke auf § 1 der oberpolizeilichen Vorschriften ist dieses Verbot auch für die Radfahrer als verbindlich zu erachten. Dagegen erscheint das Verbot, Extraposten vorzufahren (§ 4 der erwähnten Ministerialbekanntmachung), durch die Bestimmung des unten folgenden § 11, daß den im Dienste begriffenen Fuhrwerken der k. Post freie Fahrbahn zu geben sei, insoferne abgeändert, als offenbar dem Radfahrer das Ueberholen solcher Gefährte unter der Voraussetzung nicht verwehrt sein soll, daß durch das Vorfahren den Postfuhrwerken (bezw. Extraposten) die freie Bahn zu ungehinderter Weiterfahrt nicht verlegt wird.

Nach dem Wortlaute des dritten Satzes in § 10 ist das Ueberholen bezw. Vorfahren den Radfahrern an Ecken und Kreuzungspunkten von Brücken und Straßen, in Thoren ohne Rücksicht auf die Breite und Beschaffenheit des Weges untersagt, an anderen Stellen aber dann, wenn die Fahrbahn durch den Verkehr von Fuhrwerken, Reitern, Radfahrern, Viehtransporten so verengt ist, daß ein zu gefahrloser Vorfahrt genügendes Ausweichen ohne Störungen oder Gefährdungen des Verkehrs nicht möglich erscheint. Während sonach der erste Teil der Vorschrift ein dauerndes Verbot enthält, ist das zweite nur ein zeitweiliges, für die augenblickliche Verkehrsgestaltung wirksames.

## § 11.

Bemerkt der Radfahrer, daß ein Pferd vor dem Fahrrade scheut, oder daß sonst durch das Vorbeifahren mit dem Fahrrade Menschen oder Tiere in Gefahr gebracht werden, so hat er langsam zu fahren oder erforderlichen Falles sofort abzusteigen.

Geschlossene Truppenkörper, Leichen- und andere öffentliche Aufzüge dürfen nicht durchbrochen noch sonstwie in ihrer Bewegung gehemmt werden. Im Dienste begriffenen Fuhrwerken der Königlichen Post und der Feuerwehr ist freie Fahrbahn zu geben.

Das Nebeneinanderfahren mehrerer Radfahrer ist nur insoweit gestattet, als dieß ohne Belästigung des übrigen Verkehrs geschehen kann.

**Verhalten bei scheuenden Tieren und sonstiger Gefahr.** — Aus der Fassung „bemerkt der Radfahrer ꝛc.“ ist nicht zu folgern, daß der Radfahrer sich bei Außerachtlassung der hier auferlegten Verpflichtungen unter allen Umständen damit straf-befreiend entschuldigen könne, er habe das Scheuen des Pferdes bezw. die anderen Verkehrenden aus dem Vorbeifahren drohende Gefahr nicht wahrgenommen. Die in § 4 ausgesprochene Pflicht des Radfahrers, bei der Leitung seines Fahrrades die gehörige Vorsicht anzuwenden, schließt auch die Verbindlichkeit in sich, während der ganzen Fahrt die Umgebung und die daselbst Verkehrenden im Auge zu behalten und jeden Vorgang zu beobachten, welcher das jeweilige Verhalten des Radfahrers zu bestimmen geeignet ist. Und es wird, um ein mindest fahrlässiges Verschulden auszuschließen, der Nachweis erforderlich sein, daß der Radfahrer ungeachtet der Anwendung pflicht-mäßiger Sorgfalt und Aufmerksamkeit nach den besonderen Umständen des gegebenen Falles außer Stande war, das Scheuen von Pferden oder sonst aus dem Vorbeifahren drohende Gefährdungen für Mensch und Tier rechtzeitig wahrzunehmen.

**Gefährdung von Menschen und Tieren.** — Unter die „sonstigen“ Gefährdungen von Menschen und Tieren wird namentlich das An- und Umfahren, Abdrängen vom sicheren Wege, welches Gefahr des Falles, Umstürzens ꝛc. mit sich bringen kann, oder eine von der Möglichkeit derartiger Folgen begleitete Verengung der Fahrbahn ꝛc. zu rechnen sein. Jedenfalls verpflichtet das Scheuen nicht bloß von Pferden, sondern auch von anderen Tieren den Radfahrer zur Beobachtung der hier gebotenen Vorsichtsmaßregeln. Vgl. hiezu die Bemerkungen zu § 8 (S. 23 oben).

Welches Mittel der Gefahrvermeidung, ob Langsamfahrt oder Absitzen, im einzelnen Falle zu wählen sei, hängt von den jeweiligen, augenblicklichen Umständen ab. Im Zweifel wird es sich stets empfehlen, das Absteigen als das sicherste zu wählen, um sich gegen die Möglichkeit des Vorhaltes zu schützen, daß nicht alles angewendet worden sei, was zur Vermeidung der Gefahr geeignet und thunlich war.

**Durchbrechen ꝛc. von Truppenkörpern und öffentlichen Aufzügen.** — Als Durchbrechen geschlossener Truppenkörper ist es nicht zu erachten, wenn die freien Abstände, welche von den einzelnen geschlossenen Abteilungen einer marschierenden Truppe behufs Vermeidung von längeren Verkehrshemmungen unter einander eingehalten werden, zur Durchfahrt benützt werden.

Unter den „anderen öffentlichen Aufzügen“ sind nicht bloß kirchliche Prozessionen, sondern auch andere in geschlossenen Reihen sich bewegende Aufzüge von Fußgängern oder Wagen oder Reitern zu verstehen, ebenso die genehmigten Korsofahrten von Radfahrern, nicht aber die auf gewöhnlichem Ausgange begriffenen, in geordneter Reihe sich bewegenden Züge der Schüler von Schulen, Instituten, Pensionaten und dergl.

Auch polizeilich angeordnete Reihenfahrten von Fuhrwerken (oder Radfahrern) werden nicht durchbrochen werden dürfen.

Als eine Hemmung der Bewegung geschlossener Truppenkörper und öffentlicher Aufzüge wird nach Umständen auch der Versuch des Vorfahrens, das Einbiegen in die von denselben eingenommene Fahrbahn 2c. zu erachten sein.

**Post- und Feuerwehrfahrzeuge.** — Die Gewährung „freier Fahrbahn“ für im Dienst begriffene k. Post- sowie für Feuerwehrfuhrwerke begreift nicht bloß das Ausweichen durch thunlichst weites Ausbiegen auf die rechte Seite, die Enthaltung vom Ueberholen, wenn hiedurch die Fahrbahn der genannten Fuhrwerke verengt oder verlegt würde, sondern auch das Ueberkreuzen ihrer Fahrtrichtung auf eine die ununterbrochene Weiterfahrt hemmende Weise in sich. Selbstverständlich sind hiebei auch die in §§ 9 und 10 vorgesehenen Anordnungen für bestimmte Oertlichkeiten und Verkehrsverhältnisse sorgfältig zu beachten.

Bezüglich der Postfuhrwerke vergl. auch die Bemerkungen zu § 10 (S. 28 oben).

Unter den Feuerwehrfuhrwerken werden im Sinne dieses Paragraphen Feuerlöschfahrzeuge jeder Art — Löschmaschinen, Steiger- (Leiter-), Schlauch- und Hydrantenwagen und Karren, sowie Mannschaftswagen — und zwar nicht bloß bespannte, sondern auch von Hand bewegte oder auf Fahrräder montierte zu verstehen sein. Der allgemeine Ausdruck „im Dienst begriffen“ läßt annehmen, daß Feuerwehrfuhrwerke nicht bloß bei der Fahrt zum und vom Löschdienste, auf dem Brandplatze oder bei sonstigem Rettungsdienste, sondern auch bei dienstlich angeordneten Uebungen die hier gebotene Berücksichtigung genießen sollen.

**Nebeneinanderfahren von Radfahrern.** — Das Nebeneinanderfahren mehrerer (zweier oder noch mehrerer) Radfahrer ist nur insoweit gestattet, als es ohne Belästigung des übrigen Verkehrs geschehen kann, also nicht bloß dann unzulässig, wenn der übrige Verkehr — von Fuhrwerken, Radfahrern, Reitern, Fußgehern, Viehtransporten rc. — hiedurch gehemmt oder gefährdet, sondern schon dann, wenn auf diese Weise die Bequemlichkeit des übrigen Verkehrs (s hierüber die Bemerkungen zu § 3 S. 8 oben) beeinträchtigt würde. Verschiedene bisher in Geltung gestandene Polizeivorschriften haben die Anordnung enthalten, daß mehr als zwei Radfahrer überhaupt nicht nebeneinanderfahren dürfen und daß Fuhrwerken, Reitern und Herden von mehreren Radfahrern nur in einfacher Reihe vorgefahren werden darf. In dieser allgemeinen bedingungslosen Fassung stünde die Bestimmung dem vorstehenden Paragraphen entgegen und könnte daher nicht wieder aufgenommen werden. Dagegen ergibt sich aus den Anordnungen der §§ 9 und 10 oben die Verpflichtung zu einem Verhalten, welches bisher durch einzelne Polizeivorschriften ausdrücklich geboten war: daß nämlich von „mehreren“ Radfahrern nur auf derselben Seite — also rechts ausgewichen bezw. — links — vorgefahren werden darf. Zu mehreren können nun die Radfahrer hiebei nebeneinanderfahren, wenn dadurch eine Belästigung des übrigen Verkehrs nicht herbeigeführt wird.

An Stellen, für welche das Verbot des Vorfahrens gilt (§ 10 oben), wird vorneweg das Nebeneinanderfahren mehrerer Radfahrer in der Regel als Belästigung des übrigen Verkehrs zu erachten sein.

Ob „Belästigungen“ im Sinne des Schlußsatzes dieses Paragraphen im einzelnen Falle vorliegen, ist eine nach den besonderen Umständen des letzteren festzustellende Thatfrage.

## § 12.

Jeder Radfahrer muß eine von der Ortspolizeibehörde seines Wohnortes oder, falls er einen Wohnort in Bayern nicht hat, seines Aufenthaltsortes ausgestellte, auf seinen Namen lautende Fahrkarte bei sich führen und auf Erfordern den Aufsichtsbeamten vorzeigen. Die einmal ausgestellte Fahrkarte gilt unabhängig von einem etwaigen Wohnorts- oder Aufenthaltswechsel für das ganze Königreich.

Personen, welche sich nicht im Besitze einer solchen

Fahrkarte befinden, dürfen auf öffentlichen Wegen, Straßen und Plätzen nicht radfahren.

Personen, welche das vierzehnte Lebensjahr noch nicht vollendet haben, darf die Fahrkarte nur ausnahmsweise dann erteilt werden, wenn ausreichende Sicherheit dafür besteht, daß von ihnen eine Gefährdung des öffentlichen Verkehrs nicht zu besorgen ist; Personen unter achtzehn Jahren darf die Fahrkarte nur mit Zustimmung des gesetzlichen Vertreters erteilt werden.

Amtsbekannten Geisteskranken darf die Fahrkarte nur auf Grund ärztlichen Gutachtens und mit Zustimmung des etwaigen gesetzlichen Vertreters, sowie nur in jederzeit widerruflicher Weise erteilt werden.

Für Radfahrer, die sich nur auf der Durchfahrt in Bayern befinden, genügt eine von ihrer Heimatbehörde ordnungsgemäß ausgestellte, auf ihren Namen lautende Fahrkarte oder sonstige amtliche Legitimation.

Für aktive Militärpersonen und Zöglinge der Militärbildungsanstalten wird die Fahrkarte von ihren Kommandostellen ausgefertigt.

Die Fahrkarte kann von der zur Ausstellung derselben jeweils zuständigen Behörde zeitweilig oder gänzlich entzogen werden, wenn der Radfahrer nach Erteilung der Fahrkarte wegen vorsätzlicher oder fahrlässiger Tötung oder Körperverletzung oder wegen Sachbeschädigung bestraft wurde, soferne diese Reate mit dem Radfahren im Zusammenhang stehen, ferner wenn er wegen Uebertretung der gegenwärtigen Vorschriften wiederholt gerichtlich bestraft worden ist.

**Fahrkartenbesitz.** Jeder Radfahrer, welcher im Königreiche Bayern auf öffentlichen Wegen, Straßen oder Plätzen fahren will, bedarf einer behördlich ausgestellten Fahrkarte. Zu Fahrten, welche keinerlei öffentliche Verkehrswege berühren, sondern sich ausschliesslich auf dem öffentlichen Verkehre und gemeinen Gebrauche nicht offenstehenden Privatgrundstücken z. B. Fahrschulen, Privatgärten oder Parken ꝛc. bewegen, bedarf es einer solchen Fahrkarte nicht.

**Fahrkarten-Führung und Vorzeigung.** — Der Radfahrer muß die ihm polizeilich ausgestellte Fahrkarte während der Fahrt bei sich führen, um sie auf Erfordern der Aufsichtsbeamten (Polizeibeamten, Sicherheitsorganen ꝛc.) vorzeigen zu können. Nicht bloß das Fahren auf öffentlichen Wegen, Straßen und Plätzen, ohne eine polizeilich ausgestellte Fahrkarte zu besitzen, sondern auch das Nichtmitsichführen einer solchen bei der Fahrt (auf öffentlichen Straßen ꝛc.) erscheint strafbar.

Da die Fahrkarte auf den Namen des Fahrers ausgestellt ist, ist es unzulässig, dieselbe einem Anderen zur Führung bei einer Fahrt zu überlassen, und wer mit fremder d. h. einem Anderen ausgestellter Fahrkarte fährt, ebenso straffällig, als wenn er ohne Fahrkarte fahren würde. Ueberdies kann, wer sich den Aufsichtsbeamten gegenüber mit einer fremden Fahrkarte zu legitimieren unternimmt, nach Umständen der Bestrafung wegen falscher Namensangabe (Sichbedienens eines ihm nicht zugehörigen Namens — § 360 Nr. 8 R.St.G.B. Geldstrafe bis zu 150 Mk. oder Haft bis zu sechs Wochen) verfallen. Der Hinweis auf den Besitz einer polizeilich ausgestellten Fahrkarte vermag deren Nichtbeisichführen nicht zu ersetzen. Wo neben der Fahrkarte die Führung einer Nummer am Rade vorgeschrieben ist, erscheint sowohl das Mitführen der Fahrkarte als jenes der Nummernschildern bei der Fahrt geboten und kann weder die Karte das Nummernschild noch letzteres die Fahrkarte ersetzen. Die Aufsichtsbeamten (wozu auch die Organe des örtlichen Sicherheitsdienstes und die k. Gendarmerie zählen) sind befugt, von jedermann und so auch vom Radfahrer einen Ausweis seiner Person zu erfordern, und jedermann ist verpflichtet, dieser Aufforderung zu entsprechen. In der Regel wird eine solche Identitätskontrolle nur bei Beanstandungen bezw. bei Betreffen auf frischer straffälliger That (bezw. bei Verfolgung unmittelbar nach derselben) vorgenommen. Vermag der Angehaltene sich nicht durch amtliche Legitimation genügend auszuweisen, noch durch verlässige, dem Aufsichtsbeamten genügend bekannte Auskunftspersonen alsbald seine Identität darzuthun und sind seine mündlichen Angaben über Namen, Stand und Wohnort mangels weiterer Bescheinigung nicht geeignet, das Sicherheitsorgan sofort von der Richtigkeit der erteilten

Auskunft zu überzeugen, so erscheint der Sicherheitspolizeibeamte befugt, den Angehaltenen der nächsten Polizeibehörde zur Feststellung der Persönlichkeit vorzuführen (Zwangsgestellung) bezw. zur vorläufigen Festnahme zu schreiten (vergl. auch die Bemerkungen zu § 4 oben S. 16 u. ff.).

Zu bemerken ist noch, daß gemäß § 12 das Fahren ohne Besitz einer polizeilich ausgestellten Fahrkarte bezw. ohne die Mitführung derselben für sich schon eine strafbare Uebertretung bildet, daher die Sicherheitsorgane vermöge ihrer pflichtmäßigen Aufgabe, Uebertretungen der Strafgesetze zu ermitteln und in ihrem Laufe zu unterdrücken, berechtigt erscheinen, soferne sie den Verdacht einer Uebertretung des § 12 hegen, den Radfahrer auf Besitz und bezw. Führung der vorschriftsmäßigen Fahrkarte zu kontrollieren und mangels der letzteren den Radfahrer an der Fortsetzung der Fahrt zwangsweise zu verhindern. Selbstverständlich sind die Sicherheitsorgane verpflichtet, die Sachlage im einzelnen Falle mit aller Sorgfalt und Ueberlegung zu prüfen und hienach ihre Maßnahmen einzurichten. Der Radfahrer aber wird gut thun, sich unter allen Umständen dem polizeilichen Eingriffe zu unterwerfen und falls er diesen ungerechtfertigt erachtet, sein Recht durch alsbaldige Beschwerde bei der vorgesetzten Dienstbehörde des Sicherheitsorganes wahren. Ueber solche Beschwerdeführungen s. Seite 19 oben. Ueber Widerstand gegen die in rechtmäßiger Berufsausübung begriffenen Beamten vergl. die Bemerkungen S. 15 oben.

Die **Ausstellung der Fahrkarten** ist für achtzehn- und mehrjährige Personen — vorbehaltlich der Gebührenentrichtung (§ 13), dann der Sonderbestimmung für Geisteskranke sowie in Fällen der Wiedererteilung der gemäß dem Schlußsatze dieses Paragraphen eingezogenen Fahrkarten — an besondere Voraussetzungen oder Bedingungen, insbesondere auch an den Nachweis der Fahrbefähigung (Erstehung einer Fahrprüfung) nicht geknüpft. Dieselbe kann niemanden, der das 18. Lebensjahr vollendet hat und bezüglich dessen nicht einer der erwähnten Ausnahmsfälle zutrifft, versagt werden. Geschlecht und Staatsangehörigkeit übt keinen Einfluß auf das Recht auf Ausfertigung einer Fahrkarte; die Berechtigung hierauf steht Angehörigen des weiblichen Geschlechts, ferner außerbayerischen deutschen Staats- bezw. Bundesangehörigen ebenso wie Ausländern zu. Die einmal ausgestellte Fahrkarte ist in der Dauer ihrer Giltigkeit irgend welcher zeitlichen Beschränkung nicht unterworfen; sie läuft nicht nach bestimmter Frist (wie bei Jagdkarten) ab. Dieselbe hat Geltung für das ganze Gebiet des Königreichs Bayern, gleichviel an welchem Orte desselben sie ausgestellt worden ist. Die bisher in vielen Polizeivorschriften gesetzte Vorbedingung eines Fahrbefähigungsnachweises durch Ablegung einer Prüfung oder Beibringung eines Vereinszeugnisses ꝛc. kann als den oberpolizeilichen Vorschriften entgegenstehend nicht wieder aufgenommen werden.

**Fahrkartenerteilung an Kinder, dann an Personen unter 18 Jahren.** — Kindern, d. h. Personen, welche das vierzehnte Lebensjahr noch nicht vollendet haben, darf die Fahrkarte nur ausnahmsweise und dann erteilt werden, wenn ausreichende Sicherheit dafür besteht, daß von ihnen eine Gefährdung des öffentlichen Verkehrs nicht zu besorgen steht. Ein Recht auf Ausstellung von Radfahrkarten an Kinder von weniger als vierzehn Jahren besteht demnach nicht und es ist die Kartenausstellung für solche in das Ermessen der Ortspolizeibehörde gegeben. Die Sicherheit dafür, daß von solchen jugendlichen Personen eine Gefährdung des öffentlichen Verkehrs nicht zu besorgen sei, wird zunächst durch den Nachweis dargethan werden können, daß die betreffenden Kinder eine genügende Fahrsicherheit besitzen, dann durch die mit der Fahrkartenerteilung verknüpfbare Bedingung, daß die jugendlichen Personen nur in Begleitung Erwachsener fahren dürfen. Die nach manchen bisher in Kraft gestandenen Polizeivorschriften bedingungslos ausgesprochene Verweigerung der Fahrkarte für jugendliche Personen von weniger als vierzehn Jahren kann als den oberpolizeilichen Vorschriften entgegenstehend nicht wieder aufgenommen werden.

Die Ausfertigung von Fahrkarten für jugendliche Personen im Alter von vierzehn Jahren bis zum vollendeten achtzehnten Lebensjahre setzt die Zustimmung des gesetzlichen Vertreters — des Vaters, nach dessen Ableben des Vormunds — voraus. Diese Zustimmung kann bei der Ortspolizeibehörde mündlich gegeben oder mittels beglaubigter schriftlicher Erklärung erteilt werden. Ohne deren Vorliegen darf die Erteilung der Fahrkarte nicht erfolgen.

**Fahrkarten für Geisteskranke.** — An amtsbekannte Geisteskranke darf die Fahrkarte nur auf Grund ärztlichen Gutachtens — amtsärztliches oder amtsärztlich bestätigtes Zeugnis eines praktischen Arztes oder Gutachten der Direktion einer öffentlichen (Kreis-) Irrenanstalt — und nach beigebrachter Zustimmung des gesetzlichen Vertreters (Vormundes) sowie nur in jederzeit widerruflicher Weise erteilt werden. Die hier gesetzten Vorbedingungen der Fahrkartenerteilung gelten für sämtliche Altersstufen. Voraussetzung der Ausstellung der Fahrkarte wird jedenfalls die gutachtliche Feststellung des Arztes sein, daß der Kranke nicht zu den gemeingefährlichen Irren zählt und sein Geisteszustand denjenigen Grad von Ueberlegung und Zurechnungsfähigkeit nicht ausschließt, welchen die in § 4 ausgesprochene Verpflichtung zu vorsichtiger Leitung des Fahrrades und die Erkenntnis der sonst einschlägigen Vorschriften und Verhältnisse erfordert. Die Einziehung (der Widerruf) der Fahrkarte kann und muß erfolgen, sobald Thatsachen feststehen, welche die Annahme rechtfertigen, daß der Geisteskranke das erwähnte Maß von Zurechnungsfähigkeit zeitweilig oder überhaupt nicht mehr besitze und im öffentlichen Verkehre als Radfahrer gefährlich werden könne.

Diese Bestimmungen gelten nur für amtsbekannte Geisteskranke und werden im Hinblicke auf Art. 80 b. P.St.St.G. auch auf Blödsinnige Anwendung zu finden haben.

Die Fahrkartenerteilung an Personen, welche als „Verschwender" entmündigt sind, richtet sich nach den allgemeinen Vorschriften des § 12.

**Legitimation fremder Radfahrer auf der Durchfahrt.** — Radfahrer, welche in Bayern weder einen Wohn- noch Aufenthaltsort haben, sondern nur auf der Durchfahrt durch bayerisches Land begriffen sind, gleichviel ob bayerische Staats- oder sonstige deutsche Bundesangehörige oder Ausländer, bedürfen zu ihrer Legitimation keiner bayerischen sondern nur einer von ihrer Heimatbehörde ordnungsmäßig ausgestellten Fahrkarte oder sonstigen amtlichen Ausweises über ihre Person. Während in einer Reihe von deutschen sowie von Auslandsstaaten der Besitz und die Führung von Fahrkarten, Erlaubnisscheinen vorgeschrieben ist, die von staatlichen oder Ortsbehörden ausgefertigt sein müssen, wird in anderen die Art der Legitimation und des persönlichen Identitätsnachweises dem Radfahrer überlassen. Als solche amtliche Legitimation gelten Pässe, Paßkarten, Militärpässe, amtlich ausgefertigte Arbeits- und Dienstbücher rc. Die manchen Orts eingeführte polizeilich abgestempelte Fahrradnummer wird nur dann als genügende Legitimation passieren können, wenn sie auch den Namen und bezw. Heimat- oder Wohnort des betreffenden Radfahrers angeschrieben trägt (vgl. hiezu auch Anhang II).

**Fahrkarten für Militärpersonen.** — Auch aktive Militärpersonen und Zöglinge von Militärbildungsanstalten bedürfen einer Fahrkarte. Zu den aktiven Militärpersonen zählen, wie aus dem folgenden § 13 zu folgern ist, die Angehörigen des k. Gendarmerie-Corps (mit Ausnahme der Gendarmerieoffiziere) nicht, wohl aber zu den Zöglingen von Militärbildungsanstalten auch die Schüler der Unteroffiziersschule. Die Angehörigen außerbayerischer deutscher Kontingente sind jenen der bayerischen Armee gleich zu behandeln, wenn sie ihren Standort in Bayern haben.

**Ausstellungsbehörde. Wohnort. Aufenthaltsort.** — Für Angehörige des Civilstandes wird die Fahrkarte von der Ortspolizeibehörde (Magistrat, Gemeindeverwaltung, in München Polizeidirektion) des Wohnortes des Radfahrers und, falls derselbe einen Wohnort in Bayern nicht hat, von jener des Aufenthaltsortes ausgefertigt. Als Wohnort gilt der Ort, an welchem sich jemand niedergelassen hat, als Aufenthaltsort derjenige, an welchen jemand ohne die Absicht der Niederlassung Aufenthalt nimmt.

An aktive Militärpersonen und Zöglinge der Militärbildungsanstalten werden die Fahrkarten von ihren Kommandostellen ausgefertigt.

**Ausfertigung der Fahrkarten. Verfahren.** — Gesuche um Ausstellung der Fahrkarten (für Civilpersonen) können bei der Ausstellungsbehörde mündlich oder schriftlich angebracht werden und sind hiebei die Alters- und sonstigen persönlichen Verhältnisse der Gesuchsteller, soweit sie der Ortspolizeibehörde nicht amtlich bekannt sind, durch legale Zeugnisse nachzuweisen. Im Interesse vereinfachter Geschäftsbehandlung empfiehlt es sich, die nach Maßgabe dieses Paragraphen erforderlichen Zustimmungserklärungen des Vaters oder Vormunds, wenn dieselben von diesen nicht persönlich zu Protokoll gegeben werden, sofort bei der Gesuchsanmeldung schriftlich mit amtlicher Beglaubigung der Unterschrift des Zustimmenden einzureichen.

Die Bescheidung der Gesuche erfolgt entweder durch Ausfertigung und Aushändigung der Fahrkarte, welche den Namen (Vor- und Schreibnamen) und, wo die Führung von Nummernschildern an den Fahrrädern vorgeschrieben sind, auch diese Nummer enthält, oder durch Eröffnung der Versagung — in den Fällen, in welchen die Kartenerteilung (an Kinder, Geisteskranke, bei Gesuchen um Wiederausstellung zeitlich eingezogener

Fahrkarten) in das Ermessen der Ausstellungsbehörde gegeben ist (s. oben S 35).

Da die Versagung der Fahrkarte sich als eine Polizeiverfügung darstellt, steht hiegegen die Beschwerde (Rekurs) an die Aufsichtsbehörde der Ortspolizeibehörde (bei Bescheiden der Magistrate unmittelbarer Städte, in München der k. Polizeidirektion an die vorgesetzte Kreisregierung, Kammer des Innern, bei Bescheiden der übrigen Ortspolizeibehörden an das vorgesetzte Bezirksamt) offen; die Einlegung dieser Beschwerde ist an eine 14tägige Notfrist gebunden. Gegen die Bescheide der Aufsichtsbehörde (Aufsichtsstelle) ist weitere Beschwerde zulässig. In letzter Instanz entscheidet das k. Staatsministerium des Innern.

**Einziehung der Fahrkarten.** — Außer den obenerwähnten besonderen Fällen der Widerruflichkeit der Fahrkarten für Kinder und Geisteskranke (s. S. 35) können die an Personen von mehr als 14 Lebensjahren ausgestellten Fahrkarten eingezogen werden, wenn die Personen wegen einer im Zusammenhange mit dem Radfahren verübten vorsätzlichen oder fahrlässigen Tötung oder Körperverletzung oder Sachbeschädigung bestraft oder wegen Uebertretung der Radfahrordnung wiederholt gerichtlich in Strafe genommen worden sind.

Wie der Wortlaut des Schlußsatzes des vorstehenden Paragraphen ergibt, „kann" unter den angeführten Voraussetzungen die Fahrkarte eingezogen, es muß aber nicht diese Maßregel getroffen werden. Es steht hienach freiem Ermessen der Behörde anheim, ob die Fahrkarte in diesen Fällen eingezogen werden will oder nicht. Hiebei wird im einzelnen Falle die Würdigung bestimmend sein, ob die Umstände desselben geeignet sind, die Ueberzeugung zu begründen, daß eine Fortsetzung und Wiederholung des gesetz- bezw. ordnungswidrigen Verhaltens des Radfahrers in einem Maße und in einer Weise zu gewärtigen sei, welche eine Gefahr für den öffentlichen Verkehr bilden. Es wird daher auch bei wiederholten, straffällig gewordenen Uebertretungen der Radfahrordnung von der Karteneinziehung Umgang genommen werden können, wenn diese Handlungen nicht von Unfügsamkeit in die öffentliche Ordnung oder von bedenkenerregender, gefährlicher Leichtfertigkeit zeugen.

Zu beachten ist, daß die Einziehung der Fahrkarte nur dann erfolgen darf, wenn die erwähnten strafbaren Handlungen nach Erteilung einer Fahrkarte abgeurteilt, also von dem Inhaber einer solchen begangen worden sind. Bestrafung vor Besitz einer Fahrkarte kann die Einziehung der Fahrkarte nicht rechtfertigen und vermag auch, wie schon oben (S. 34) erörtert, keinen Grund zu einer Versagung der Fahrkartenausstellung abzugeben. Ferner darf die Einziehung nur dann erfolgen, wenn die zur Bestrafung gekommene vorsätzliche oder fahrlässige Tötung oder Körperverletzung oder Sachbeschädigung — welche letztere nur vorsätzlich begangen werden kann — im Zusammenhange mit dem Radfahren verübt worden ist. Es muß daher die betreffende That beim bezw. der schädigende strafbare Erfolg durch das Fahren auf dem Rade geschehen, bezw. herbeigeführt worden sein. Ob hiebei der strafbare Erfolg durch das Verhalten des Radfahrers unmittelbar oder nur mittelbar verursacht wurde, erscheint nicht von Belang. Nach Absicht und Sinn der hier gegebenen Vorschrift wird die Entziehung der Fahrkarte auch bei Bestrafung wegen Versuchs der bezeichneten Reate (Tötung, Körperverletzung oder Sachbeschädigung) in Erwägung gezogen und bezw. verfügt werden können.

**Dauer der Fahrkartenentziehung.** — Die Fahrkarte kann zeitweilig — für eine im Voraus bestimmte Zeitdauer — oder gänzlich, d. h. für immer entzogen werden. Bei zeitweiliger Einziehung der Fahrkarte kann der Beahndete nach Ablauf der gesetzten Frist die Wiederausstellung einer Fahrkarte beanspruchen, bei gänzlicher Einziehung der Fahrkarte bleibt es dem Ermessen der Behörde anheim, ob sie nach Umlauf einer gewissen — jedenfalls nicht zu kurzen — Zeit eine Karte wieder erteilen will oder nicht. Entscheidend wird hiebei Grund und Art des die Maßnahme veranlassenden Straffalles und das Verhalten des Radfahrers seit Einziehung der Karte sein.

**Zuständige Behörde. Verfahren. Beschwerden.** — Zuständig zur Entziehung der Fahrkarte ist nur die Ortspolizeibehörde des Wohnortes bezw. Aufenthaltsortes, welchen der Radfahrer in Bayern zu dem Zeitpunkte der Veranlassung zur Verfügung dieser Maßnahme inne hat. Der ortspolizeiliche Beschluß auf Einziehung der Fahrkarte ist mit Gründen zu versehen und dem Beteiligten mündlich gegen Unterschrift oder in schriftlicher Zufertigung gegen Nachweis zu eröffnen. Vollzogen wird die Verfügung durch Abnahme der Fahrkarte. Außerdem wird das polizeiliche Vollzugspersonal von der Karteneinziehung zu verständigen, und wenn die einzuziehende

Karte nicht mehr zu Amtshanden gebracht werden kann, von der verfügten Einziehung auch den Polizeibehörden der Nachbarbezirke Nachricht zu geben sein.

Bezüglich der Beschwerden gegen die Entziehung der Fahrkarte gilt gleichmäßig, was oben S. 38 bezüglich der Beschwerdeführung wegen Fahrkartenversagung erörtert worden ist.

Militärfahrkarten können nur von den zuständigen militärischen Kommandostellen eingezogen werden.

Von außerbayerischen Behörden ausgestellte Fahrkarten und Fahrerlaubnisscheine können zwar nicht dem Einzuge unterworfen, wohl aber zwangsweise vorläufig abgenommen und der Heimatbehörde des fremden Radfahrers übermittelt werden, um bei strafbarem Verhalten des letzteren die Fortsetzung der Durchfahrt durch bayerisches Gebiet zu verhindern.

## § 13.

Die Ausstellung der Fahrkarte durch die Ortspolizeibehörde unterliegt der Gebühr nach Art. 165 Ziff. 2 lit. a beziehungsweise Art. 188 des Gebührengesetzes und § 2 der Allerhöchsten Verordnung vom 20. September 1879, die gebührenpflichtigen Angelegenheiten der einer Distriktspolizeibehörde untergeordneten Gemeindebehörden betreffend.

Für Personen, welche das Fahrrad ausschließlich im öffentlichen Dienste benutzen, wie Gendarmen, Schutzleute, Feuerwehrleute, Briefträger, Distriktstechniker, Straßenwärter u. s. w., erfolgt die Ausstellung der Fahrkarte gemäß Art. 3 Ziff. 1 des Gebührengesetzes gebührenfrei.

**Gebührenpflicht der Fahrkarten.** — Die hier getroffene Regelung der Gebührenpflichtigkeit bezieht sich nur auf die von den Ortspolizeibehörden, also für Civilpersonen und nichtaktive Militärs ausgestellten Fahrkarten. Die Gebühr beträgt in den einem Bezirksamte untergeordneten Gemeinden 1 Mk., in den unmittelbaren Städten 2 Mk. Ein abweichender Gebührensatz für die Fahrkartenausfertigung darf ortspolizeilich nicht aufgestellt werden; die Festsetzung der Vergütung für polizeilich verliehene Nummernschilde (§ 14 unten) wird jedoch hiedurch nicht berührt. Gebührenfreiheit ist nur jenen Personen zugestanden, welche das Fahrrad ausschließlich im öffentlichen Dienste gebrauchen; auf Briefträger ꝛc. von Privatpostunternehmungen erstreckt sich demnach die Gebührenbefreiung nicht. Personen der aufgezählten Kategorien, welche nicht bloß für ausschließlich dienstliche Zwecke das Fahrrad benützen wollen, werden zur Gebührenentrichtung angezogen werden können. Im übrigen ist eine ortspolizeiliche Beschränkung der hier ausgesprochenen Gebührenbefreiung ausgeschlossen.

## § 14.

In Gemeinden mit mehr als fünfzigtausend Einwohnern sind die Ortspolizeibehörden befugt, für die in ihrem Bezirke wohnenden Radfahrer die Führung von Nummernschilden an den Fahrrädern vorzuschreiben, beziehungsweise die hierüber bestehenden Vorschriften zu belassen, wobei bezüglich der aktiven Militärpersonen und der Zöglinge der Militärbildungsanstalten besondere Ausnahmsbestimmungen im Benehmen mit der zuständigen militärischen Kommandostelle zu treffen sind.

Die Kosten des polizeilich verliehenen Nummernschildes sind von dem Inhaber des Fahrrades zu ersetzen.

In Gemeinden unter fünfzigtausend Einwohnern, in welchen zur Zeit die Führung von Nummernschilden an den Fahrrädern bereits vorgeschrieben ist, kann diese Einrichtung aufrecht erhalten werden.

**Nummernführung am Fahrrad.** — In Gemeinden mit mehr als 50000 Einwohnern — dies sind z. Zt. in Bayern die Städte München, Nürnberg, Augsburg, Würzburg — sind die Ortspolizeibehörden befugt, aber nicht gezwungen, für die in ihrem Bezirke wohnenden Radfahrer die Führung von Nummernschilden an den Fahrrädern vorzuschreiben bezw. die hierüber bestehenden — ortspolizeilichen — Vorschriften zu belassen. Oberpolizeiliche und distriktspolizeiliche Vorschriften (der Kreisregierungen und Bezirksämter), welche die Führung von Nummernschilden vorschreiben, erscheinen hienach für die bezeichneten Gemeinden nicht mehr wirksam und müssen mangels bestehender ortspolizeilicher Vorschriften, wenn die Nummernschilde eingeführt werden wollen, durch neue ortspolizeiliche Vorschriften ersetzt werden.

In Gemeinden unter 50000 Einwohnern, in welchen zur Zeit — also vor dem 1. März 1898 (vergl. § 17) die Führung von Nummernschilden an den Fahrrädern bereits vorgeschrieben ist, kann diese Einrichtung aufrecht erhalten werden. Die Neueinführung der Anordnung nach dem 1. März 1898 erscheint demnach für solche Gemeinden ausgeschlossen. Auch hier kann nur die Aufrechthaltung bestehender Ortspolizeivorschriften beschlossen werden, während bezügliche oberpolizeiliche und distriktspolizeiliche Vorschriften mit dem bezeichneten Tage in ihrer Wirksamkeit (zufolge §§ 14 mit 17) erlöschen. In allen Fällen kann die Führung von Nummernschilden nur den im Ortspolizeibezirke wohnenden Radfahrern auferlegt, nicht aber von durchfahrenden ortsfremden Radfahrern gefordert werden. Für letztere genügt der Besitz einer Fahrkarte bezw. der sonst in § 12 erwähnten amtlichen Personalausweise.

Die Kosten eines polizeilich verliehenen Nummernschildes hat der Inhaber des Fahrrades — unabhängig von der Entrichtung der Gebühr für die Fahrkarte — der Ortspolizeibehörde zu ersetzen. Die Festsetzung des Betrages dieser Kosten, welche den wirklichen Ausgaben der Ortspolizeibehörde bezw. Gemeinde für Herstellung des Schildes entsprechen sollen, steht der Ortspolizeibehörde anheim. Die Ausfolgung der Nummer wird von vorgängiger Erlegung dieses Kostenbetrages abhängig gemacht werden können.

Bezüglich der aktiven Militärpersonen und Zöglinge der Militärbildungsanstalten sind besondere Ausnahmsbestimmungen wegen der Führung von Nummernschilden mit den zuständigen militärischen Kommandostellen zu vereinbaren.

Die Erteilung eines Nummernschildes kann übrigens nur von dem Besitze einer Fahrkarte, nicht aber von anderen Vorbedingungen z. B. einem Befähigungsnachweis oder von Bestehen einer Prüfung abhängig gemacht werden. Ebensowenig vermag die Verleihung einer polizeilichen Fahrradnummer die

Fahrkarte zu ersetzen und für sich allein die Befugnis zur Radfahrt auf öffentlichen Wegen, Straßen und Plätzen zu gewähren; vielmehr besteht die Verpflichtung zum Besitze einer Fahrkarte allgemeinhin, die Verpflichtung zur Nummernführung nur neben dieser allgemeingiltigen Oberpolizeivorschrift als ortspolizeiliche, auf das Gebiet des Ortspolizeibezirkes beschränkte Sonderauflage. Mit der Einziehung der Fahrkarte wird auch die Einziehung des polizeilichen Nummernschildes zu verfügen sein; ein Entzug dieses Schildes ohne gleichzeitige, aus § 12 gerechtfertigte Entziehung der Fahrkarte erscheint dagegen unzulässig.

Die bezüglich der Nummerntafeln bestehenden ortspolizeilichen Vorschriften bestimmen zumeist, daß

1. andere als die von der Polizeibehörde abgegebenen Nummerntafeln nicht geführt werden dürfen (so daß bei Verlust des Schildes ein Duplikat von der Polizeibehörde erholt werden muß, wobei die Behörde Glaubhaftmachung des wirklichen Verlustes fordern kann);

2. daß die polizeiliche Nummer am Fahrrade vorne an der Lenk- (oder Brems-)Stange nach der Längsseite, rückwärts nach der Breitseite angebracht werden muß (die Anordnung, daß der Nummernschild rückwärts an der Satteltasche angebracht werden soll, ist offenbar unpraktisch und sollte revisorisch durch die Bestimmung ersetzt werden, daß die Nummernschilder gut sichtbar — und zwar vorne an der Lenkstange des Fahrrades der Längsseite nach, am Rückteile desselben nach der Breitseite — so anzubringen sind, daß sie während der Fahrt weder ganz noch teilweise verdeckt werden);

3. daß die Nummernschilde bezw. ein mit solchen versehenes Fahrrad vom Inhaber an andere Personen nicht abgetreten oder verliehen werden dürfen und die Führung fremder, dem Fahrer nicht persönlich durch die Polizeibehörde verliehener Nummernschilde strafbar ist (bei Benützung fremder, z. B. entliehener Fahrräder muß der Fahrer die ihm von der Polizeibehörde persönlich verliehenen Nummernschilde an dem Rade anbringen und führen und etwa an letzterem befindliche fremde Nummernschilde vor der Fahrt entfernen).

Die Versagung des Nummernschildes erscheint nur in jenen Fällen zulässig, in welchen gemäß § 12 auch die Erteilung der Fahrkarte verweigert werden kann (s. oben S. 35).

## § 15.

Zur Verwendung von Fahrrädern, welche durch Motoren betrieben werden, ist die besondere Genehmigung der Distriktspolizeibehörde des Wohnortes des Besitzers des Motorrades erforderlich.

Auf den Verkehr mit Motorrädern finden außer den Bestimmungen der gegenwärtigen Vorschriften die von der genannten Behörde festzusetzenden besonderen Bedingungen Anwendung.

Als Motorräder sind alle Fahrräder zu behandeln, welche nicht durch Menschen- sondern durch andere mechanische Kräfte z. B. Gase, Elektrizität, Dampf bewegt werden.

Die im Interesse der Sicherheit und Bequemlichkeit des Verkehrs von der Distriktspolizeibehörde (Bezirksamt, in den unmittelbaren Städten dem Magistrate, in München der Polizeidirektion) des Wohnortes des Besitzers festzusetzenden besonderen Bedingungen, welche selbstverständlich der Beobachtung der oberpolizeilichen und auf Grund derselben ergehenden ortspolizeilichen Vorschriften nicht entheben, erscheinen nach der vorstehenden Fassung auch für Fahrten außerhalb des Bezirkes der betreffenden Distriktspolizeibehörde giltig und verbindlich und wird es sich daher empfehlen, dieselben dem Besitzer bezw. Fahrer des Motorrades in schriftlicher Ausfertigung zu behändigen, und für den Fahrer ratsam sein, diese Ausfertigung auf weiteren Ausfahrten mit sich zu führen, um sich bei etwaigen Beanstandungen entsprechend auszuweisen.

Zu beachten ist, daß die erwähnten besonderen Anordnungen von der Distriktspolizeibehörde des Wohnortes des Motorrad-Besitzers zu treffen sind.

Selbstverständlich bedarf der Fahrer eines Motorrades der Fahrkarte, das Rad der in § 6 oben vorgeschriebenen Ausrüstungsteile und, wo es Vorschrift, auch der Nummernschilde. Insoferne Besitzer und Fahrer nicht dieselbe Person sind, muß letzterer bei Benützung des Motorrades die ihm persönlich von der Polizeibehörde verliehenen (bezw. von ihm zu erwirkenden) Nummernschilde am Rade führen.

## § 16.

Uebertretungen der gegenwärtigen Vorschriften werden gemäß § 366 Nr. 10 des Reichsstrafgesetzbuches mit Geldstrafe bis zu sechzig Mark oder mit Haft bis zu vierzehn Tagen bestraft.

Mit den hier unter die Strafandrohungen des § 366 Nr. 10 R.St.G.B. — Geldstrafe von 1—60 Mk. oder Haft von einem bis zu vierzehn Tagen — gestellten Uebertretungen können noch andere mit Strafe belegte Handlungen sachlich oder in idealer Konkurrenz zusammentreffen. Für die ideelle Konkurrenz, d. h. die Verletzung mehrerer Strafgesetze durch eine und dieselbe Handlung trifft § 73 R.St.G.B. die Bestimmung, daß nur dasjenige Gesetz, welches die schwerste Strafe, und bei ungleichen Strafarten, dasjenige Gesetz, welches die schwerste Strafart androht, zur Anwendung zu kommen habe. Wird z. B. beim Radfahren unter Zuwiderhandlung gegen die vorstehenden oberpolizeilichen (oder sonst verbindliche straßen- und verkehrspolizeiliche) Vorschriften zugleich die Tötung eines Menschen, eine Körperverletzung oder eine Sachbeschädigung verursacht, so verfällt der Radfahrer den auf Tötung, Körperverletzung, Sachbeschädigung gesetzten Strafen als den nach Maß und Art schwereren. Ist der Radfahrer einem Fuhrwerke mii Explosivstoffen nicht ganz und langsamfahrend ausgewichen, so verfällt er nicht den Strafbestimmungen des § 366 Nr. 10, sondern des § 367 Nr. 5 R.St.G.B., welcher eine schwerere, nämlich bis zu 150 Mk. an Geld oder Haft bis zu sechs Wochen gehende Strafe vorsieht.

## § 17.

Die gegenwärtigen Vorschriften treten am 1. März 1898 für den ganzen Umfang des Königreiches in Kraft. Mit dem gleichen Zeitpunkte werden — vorbehaltlich der in § 14 enthaltenen Bestimmungen über die Beibehaltung der Vorschriften bezüglich der Führung von Nummernschilden — die bestehenden Polizeivorschriften über den Radfahrverkehr auf öffentlichen Wegen, Straßen und Plätzen aufgehoben. Den k. Kreisregierungen, den Distrikts- und Ortspolizeibehörden bleibt es anheimgestellt, etwa veranlaßt erscheinende weitere polizeiliche Vorschriften über den Radfahrverkehr, welche den gegenwärtigen Bestimmungen nicht entgegenstehen dürfen, innerhalb ihrer Bezirke zu erlassen.

**Aufhebung bisher bestandener Polizeivorschriften.** — Alle bestehenden — ober-, distrikts- und ortspolizeilichen Vorschriften über den Radfahrverkehr auf öffentlichen Wegen, Straßen und Plätzen werden (auf Grund der Art. 7, 10, 13 d. P.St.G.B.) mit dem 1. März 1898 aufgehoben — ausnahmlich der ortspolizeilichen Vorschriften über die Führung von Nummernschilden an den Fahrrädern. An Stelle der aufgehobenen Vorschriften können die Kreisregierungen etwa veranlaßt erscheinende weitere oberpolizeiliche, die Distriktspolizeibehörden (Bezirksämter) distriktspolizeiliche, die Ortspolizeibehörden ortspolizeiliche Vorschriften erlassen. Die neu zu erlassenden Vorschriften dürfen den Bestimmungen der ministeriellen oberpolizeilichen Radfahrordnung nicht entgegenstehen, insbesondere nichts verbieten, was durch die oberpolizeilichen Vorschriften des Staatsministeriums ausdrücklich erlaubt, noch erlauben, was durch letztere ausdrücklich verboten ist. Schon oben bei den einzelnen §§ wurde darauf hingewiesen, welche der bisher bestandenen Polizeivorschriften den gegenwärtigen oberpolizeilichen entgegenstehen (s. zu § 1 S. 1, § 5 S. 20, § 6 S. 21, § 9 S. 24, § 11 S. 31, § 12 S. 35, § 13 S. 40, § 14 S. 42). Im wesentlichen werden sich daher die neu zu erlassenden Polizeivorschriften auf Anordnungen zu beschränken haben, welche mit Rücksicht auf besondere örtliche Verhältnisse und das durch letztere bedingte (örtliche) Bedürfnis der Sicherheit und Bequemlichkeit des Verkehrs das Radfahren regeln, so insbesondere auf Ergänzungen der §§ 2 und 3, ferner auf die Ausführung allgemein gehaltener Gebote und Verbote der oberpolizeilichen Vorschriften durch Aufnahme bestimmter Einzelnfälle vergl. z. B. § 4 sonstige Handlungen, welche geeignet sind, Menschen oder Eigentum zu gefährden, den Verkehr zu stören, Pferde oder andere Tiere scheu zu machen (vergl. S. 13 oben).

**Beschwerde gegen Erlaß und Aufhebung von Polizeivorschriften.** — Ueber die Anfechtung solcher Polizeivorschriften mittels Beschwerde um Abhilfe vergl. die Ausführungen oben S. 10 u. ff. Außer dem einzelnen Beteiligten können gegen ortspolizeiliche Vorschriften in Städten und Märkten mit städtischer Verfassung die Gemeindebevollmächtigten, gegen distriktspolizeiliche Vorschriften der Distriktsrat Beschwerde erheben; gegen die von der Kreisregierung verfügte Außerkraftsetzung orts- (und distrikts-) polizeilicher Vorschriften wegen Mangels der gesetzlichen Bedingungen ihrer Erlassung oder wegen Nachteils für das öffentliche Wohl oder wegen Verletzung der Rechte Dritter steht den betreffenden Gemeindebehörden das Beschwerderecht zu. Die von den Staatsministerien aus gleichen Gründen verfügte Aufhebung oder Einstellung des Vollzuges orts-, distrikts- oder oberpolizeilicher Vorschriften (der Regierungen) kann mit Beschwerde nicht angefochten werden und steht nur der Weg der Vorstellung an das betreffende Ministerium offen.

Ein Beschwerderecht wegen Nichterlassung einer Polizeivorschrift oder wegen Aufhebung einer solchen steht dem Einzelnen (Beteiligten) nicht zu.

## II. Sonstiges Verhalten des Radfahrers im öffentlichen Verkehre.

### 1. In Bezug auf den Weg und dessen Umgebung.

a) Das Eigentum der öffentlichen Straßen ist mit ebenderselben und selbst mit größerer Achtung wie jedes andere zu behandeln, weil dessen Verletzungen zum allgemeinen Nachteile gereichen (Landesherrl. Verordnung vom 16. August 1805). Wer vorsätzlich und rechtswidrig eine gebaute Straße, eine Brücke, welche fremdes Eigentum sind, ganz oder teilweise zerstört, wird wegen Vergehens der Sachbeschädigung mit Gefängnis nicht unter einem Monat (bis zu fünf Jahren) bestraft. Auch der Versuch einer solchen Handlung ist strafbar. — Wer vorsätzlich Wege, Brücken, Fähren zerstört oder beschädigt und durch eine dieser Handlungen Gefahr für das Leben und die Gesundheit Anderer herbeiführt, wird mit

Gefängnis nicht unter drei Monaten, und wenn hiedurch eine schwere Körperverletzung verursacht worden ist, mit Zuchthaus bis zu fünf, und wenn der Tod eines Menschen verursacht worden ist, mit Zuchthaus nicht unter fünf Jahren bestraft. Ist eine dieser Handlungen aus Fahrlässigkeit begangen und durch dieselbe ein Schaden verursacht worden, so ist auf Gefängnis (von einem Tage) bis zu einem Jahre, und wenn der Tod eines Menschen verursacht worden ist, auf Gefängnis von einem Monat bis zu drei Jahren zu erkennen (§§ 305, 321, 326 R.St.G.B.).

Wer Gegenstände, welche zum öffentlichen Nutzen oder zur Verschönerung öffentlicher Wege, Plätze oder Anlagen dienen — z. B. Wegweiser, Straßeneinteilungszeichen, Kilometersäulen, Geländer an Straßenabhängen u. dgl. — vorsätzlich und rechtswidrig zerstört oder beschädigt, wird mit Gefängnis (von einem Tag) bis zu drei Jahren oder mit Geldstrafe (von 3) bis zu 1500 Mk. bestraft; auch der Versuch solcher Handlungen ist strafbar (§ 304 R.St.G.B.). Als eine „Beschädigung" im Sinne dieser Bestimmung ist es anzusehen, wenn der Gegenstand durch die vorgenommene Handlung in jener Weise weniger tauglich gemacht wird, nach welcher er zu den besonders zu schützenden gehört. Wird durch die Beschädigung der Gegenstand in seiner Unversehrtheit verletzt, z. B. durch Anreißen, An- oder Einschneiden, Beschmutzung oder sonstige Verunreinigung, nicht aber für seinen besonders geschützten (öffentlichen) Zweck untauglicher gemacht, so ist nur einfache Sachbeschädigung gegeben, welche, nur auf Antrag des Eigentümers, mit Geldstrafe bis zu 1000 Mk. oder mit Gefängnis bis zu zwei Jahren, aber auch als Versuch bestraft wird (§ 303 R.St.G.B.).

Wer vorsätzlich und unbefugt die zur Verhütung von Unglücksfällen angebrachten Schutzmittel (Sicherheitsgeländer, Abweispfosten u. dgl.), Sperrungs- und Warnungszeichen (Schranken, Warnungstafeln, Tafeln mit Fahrverboten s. oben § 3 der oberpolizeilichen Vorschriften, Tafeln mit dem Gebot des Radschuheinlegens, die zur Winterszeit gesetzten sogen. Schneezeichen) entfernt oder für ihren Zweck unbrauchbar macht, desgleichen wer die zur öffentlichen Beleuchtung (sowohl zur Straßen- als zur Beleuchtung gefährlicher Stellen an öffentlichen Wegen, z. B. von Baugruben, Materiallagerungen u. dgl.) bestimmten Laternen von ihrer Stelle entfernt oder auslöscht, wird (aus Art. 87 b. P.St.G.B.) mit Haft bis zu vierzehn Tagen oder an Geld bis zu 60 Mk. bestraft und — wenn er dergleichen Gegenstände aus Fahrlässigkeit beschädigt oder für ihren Zweck unbrauchbar gemacht hat und nicht sofort für angemessene Wiederherstellung Sorge trägt, an Geld bis zu 15 Mk. beahndet. Erfolgte die Entfernung solcher Sachen durch Wegnahme in der Absicht rechtswidriger Zueignung, so tritt Bestrafung wegen Diebstahls ein.

Nach dem b. Forstgesetze (Art. 94) ist strafbar, wer in den Waldungen oder an Trift- oder Floßbächen bestehende Brücken, Stege, Leit-, Zieh- oder Schlittwege beschädigt, dann das Abreißen, Beschädigen, Hinwegnehmen oder Zerstören eines Hege- oder Wehrzeichens oder einer Einfriedigung, welche nicht zugleich Grenzzeichen ist, ferner die fahrlässige Beschädigung oder sonstige (fahrlässige) Veränderung von Grenzzeichen oder einer anderen Grenzeinfriedigung. Die Strafe beträgt im ersten Falle (Brücken-, Wege- ꝛc. Beschädigung) 0,90—45 Mk. an Geld nebst etwa eintretendem Schadenersatz und Tragung der Wiederherstellungskosten, für die übrigen erwähnten Fälle 0,90—45 Mk. Geld nebst Schadenersatz und Vergütung der Wiederherstellungskosten.

An Geld bis zu 60 Mk. ist strafbar unbefugtes Abhauen, Abbrechen, Ausreißen, Ausroden oder Beschädigen von Bäumen oder Sträuchen in Alleen, auf Aeckern oder sonst außerhalb eines Forstes oder von Hecken und anderen zur Einfassung von Grundstücken dienenden Anpflanzungen (Art. 112 b. P.St.G.B.). Wurde die Beschädigung aus Rache oder Bosheit verübt, so kommen die Bestimmungen des R.St.G.B. wegen Sachbeschädigung zur Anwendung (Art. 114 b. P.St.G.B. und s. oben S. 48).

In öffentlichen Anlagen ist in der Regel durch ortspolizeiliche Vorschrift das Abschneiden oder Abreißen von Aesten, Blüten, Früchten, Blumen und anderen Zierpflanzen, das Einschneiden von Namen in die Bäume ꝛc. mit Strafe (aus § 366 Nr. 10 R.St.G.B. bezw. Art. 95 b. P.St.G.B.) bedroht.

Die Besudelung öffentlicher Denkmale, Statuen, Gemälde oder anderer öffentlich aufgestellter Kunstgegenstände (Beschädigung oder Zerstörung dieser Gegenstände wird als Sachbeschädigung beahndet s. oben S. 48), öffentlicher Spaziergänge oder Anlagen, Friedhöfe, Stadtthore, öffentlicher oder

Privatgebäude, öffentlicher Brunnen, Wasserleitungen, im Freien befindlicher, für den öffentlichen Gebrauch bestimmter Sitzbänke, Tische und dergleichen Gegenstände aus Bosheit oder Mutwillen wird an Geld bis zu 60 Mk. oder mit Haft bis zu vierzehn Tagen bestraft. Soferne durch dergleichen Handlungen die bezeichneten Gegenstände an ihrer Substanz beschädigt oder für ihren Zweck minder tauglich werden, unterliegen sie der Bestrafung als Sachbeschädigung (Art. 95 b. P.St.G.B.).

Das Werfen von Steinen, anderen harten Körpern oder Unrat gegen fremde Häuser, Gebäude oder Einschließungen oder in Gärten oder eingeschlossene Räume, unterliegt, wenn diese Häuser oder Räume getroffen wurden, einer Strafe an Geld bis zu 60 Mk. oder Haft bis zu vierzehn Tagen (§ 366 Nr. 7 R.St.G.B.).

Wer vorsätzlich und rechtswidrig eine Eisenbahn (welche fremdes Eigentum ist) ganz oder teilweise zerstört, wird mit Gefängnis nicht unter einem Monate bestraft. Auch der Versuch ist strafbar. — Wer vorsätzlich Eisenbahnanlagen, Beförderungsmittel oder sonstiges Zubehör derselben dergestalt beschädigt (oder auf der Fahrbahn durch falsche Zeichen oder Signale oder auf andere Weise derartige Hindernisse bereitet), daß dadurch der Transport in Gefahr gesetzt wird, wird mit Zuchthaus bis zu zehn Jahren bestraft. Bei Verursachung einer schweren Körperverletzung durch eine solche Handlung tritt Zuchthaus nicht unter fünf, und wenn der Tod eines Menschen verursacht worden ist, Zuchthaus nicht unter zehn Jahren oder lebenslängliche Zuchthausstrafe ein. Wurde durch eine der bezeichneten Handlungen fahrlässiger Weise ein Eisenbahntransport in Gefahr gesetzt, so tritt Gefängnisstrafe bis zu einem Jahre und bei hiedurch verursachtem Tode eines Menschen Gefängnisstrafe von einem Monat bis zu drei Jahren ein (§§ 305, 315, 316 R.St.G.B.). Diese Strafandrohungen mögen insbesondere davor warnen, geschlossene Bahnschranken eigenmächtig zu öffnen oder bei Herannahen eines Zuges die Bahn zu überfahren. Nach Umständen kann auch die — durch die oberpolizeiliche Vorschrift verbotene — Führung von Radlaternen mit farbigen Gläsern mindest ein fahrlässiges Verschulden im Sinne der eben erwähnten Strafbestimmungen begründen. Wer vorsätzlich und rechtswidrig den Betrieb einer zu öffentlichen Zwecken dienenden Telegraphenanlage durch Beschädigungen oder Vornahme von Veränderungen von bezw.

an Teilen oder Zugehörungen derselben verhindert oder gefährdet, wird mit Gefängnis von einem Monat bis zu drei Jahren und bei fahrlässiger Begehung solcher Handlungen mit Gefängnis bis zu einem Jahre oder Geldstrafe bis zu 900 Mk. bestraft (§§ 317, 318 R.St.G.B.).

b) Verboten ist, auf öffentlichen Wegen, Straßen oder Plätzen Gegenstände, durch welche der freie Verkehr gehindert wird, aufzustellen, hinzulegen oder liegen zu lassen (§ 366 Nr. 9 R.St.G B.). Zur Strafbarkeit einer Zuwiderhandlung gegen dieses Verbot genügt, daß der aufgestellte ꝛc. Gegenstand nach Beschaffenheit und Lage geeignet scheint, dem freien Gebrauche des öffentlichen Weges irgendwie hinderlich zu sein. Es bedarf zur Erschöpfung des Thatbestandes nicht einer gänzlichen Verhinderung des freien Verkehrs, noch einer erweislich und thatsächlich eingetretenen Verkehrsstörung und es kommt deshalb auch nicht darauf an, ob zur betreffenden Zeit ein Verkehr auf der Straße ꝛc. stattgefunden hat oder versucht wurde, noch darauf, wie lange oder kurze Zeit der als Hindernis geeigenschaftete Gegenstand auf der Straße aufgestellt, hingelegt oder liegen gelassen und ob hiedurch ein gewöhnlicher oder außergewöhnlicher Verkehr gestört worden ist. Auch der Radfahrer kann eine Uebertretung dieses Verbotes begehen, indem er sein Rad auf öffentlichen Straßen und Wegen (einschließlich der Fußbänke und Trottoirs) an Stellen aufstellt oder stehen läßt, wo durch dasselbe der freie Verkehr in der eben besprochenen Weise gehindert werden kann. Zur Zeit der Dunkelheit wird es sich, schon um einer strafrechtlichen Verantwortung für Unfälle mindestens wegen fahrlässiger Körperverletzung und der hieraus entspringenden civilrechtlichen Haftung für Schadenersatz zu entgehen, sehr empfehlen, auf öffentlichen Straßen und Wegen ein Fahrrad nicht unbeleuchtet stehen zu lassen.

## 2. Beobachtung feuerpolizeilicher Vorschriften.

Auf hölzernen, nicht bekiesten Staatsstraßenbrücken ist das Tragen offener Lichter, Anbrennen von Zünd- (Streich-) Hölzchen oder Zündlichtern verboten.

Fackeln, Windlichter ꝛc. dürfen in der Nähe von Gebäuden nur mit ortspolizeilicher Bewilligung und unter Beobachtung der hiebei ergehenden Bestimmungen gebraucht werden.

In der Nähe von Fuhrwerken, welche Explosivstoffe führen, ist das Anzünden von Feuer und Licht verboten. Offenes, gegen Berührung mit Brennbarem nicht genügend gesichertes Licht darf weder im Freien noch in geschlossenen Räumen gebraucht werden, wo brennbare Stoffe offen lagern, wie in Scheunen, Schupfen, Remisen, Magazinen, auf Dachböden und Holzplätzen — oder in anderen Räumen, welche zur Aufbewahrung feuerfangender Sachen dienen. Ebenso ist die Annäherung an solche Plätze oder Räume mit unverwahrtem Feuer oder Licht verboten. Bei Betreten solcher Räume oder Plätze und bei Annäherung an dieselben ist sich einer geschlossenen, wohlverwahrten Laterne zu bedienen, welche nicht an brennbarem Material niedergestellt oder aufgehängt werden darf.

In Scheunen, Stallungen, Holzlegen — und überhaupt in allen zur Aufbewahrung leicht entzündbarer Gegenstände benützten Gebäuden und Lagerplätzen dürfen Reibzünder nur mit gehöriger Vorsicht und nur an Stellen gebraucht werden, welche von brennbarem Material genügend entfernt sind.

Das Tabakrauchen (aus Pfeifen, wie von Cigarren und Cigarretten) ist verboten: in der Nähe von Fuhrwerken, welche Explosivstoffe führen, in der Nähe von Pulver-, (sowie Schießbaumwollefabriken und Fabrikationsstätten von Feuerwerksgegenständen) auf eine Entfernung von 100 Metern (§ 367 Nr. 5 R.St.G.B., Ministerialbekanntmachung vom 15. Februar 1894 und 6. August 1870), dann in Scheunen, Stallungen, Schupfen, Holzlegen, Futter- und Dachböden, dann sonstigen Räumen, Plätzen und Werkstätten, in welchen leicht entzündliche Stoffe oder größere Massen brennbaren Materials sich befinden (§ 368 Nr. 5 und 8 R.St.G.B. — kgl. Verordnung vom 27. Juni 1862). Zu beachten ist, daß auf Uebertretungen der angeführten Vorschriften, welche (mit Ausnahme der für die Begegnung mit Fuhrwerken mit Explosivstoffladung und für die Umgebung von Pulverfabriken erlassenen und mit einer Strafe bis zu 150 Mk. oder Haft bis zu sechs Wochen geschützten Bestimmungen) einer Strafe bis 60 Mk. oder vierzehn Tagen Haft unterliegen, wenn sie zur Entstehung eines Brandes geführt haben, die strafgesetzlichen Bestimmungen über Brandstiftung zur Anwendung kommen. Fahrlässige Brandstiftung ist mit Gefängnis bis zu einem Jahre oder Geldstrafe bis zu 900 Mk., und, wenn durch den Brand der Tod eines Menschen verursacht wurde, mit Gefängnis von einem Monate bis zu drei Jahren bedroht. Besondere Vorsicht erscheint auch bezüglich des Gebrauches von Streichhölzern und des Rauchens — namentlich auch des Entleerens von Pfeifen und des Wegwerfens von Cigarrenstummeln — während der Fahrt bei sehr trockener Witterung und großer Dürre in Waldungen, durch Gesträuch, Grasflächen, Moore 2c. und in der Nähe solcher Stellen veranlaßt, um die Gefahr einer fahrlässigen Brandstiftung zu vermeiden (§§ 308, 309 R.St.G.B.). Hat der Brandstifter den Brand, bevor derselbe entdeckt und ein weiterer als der durch die bloße Inbrandsetzung bewirkte Schaden entstanden war, wieder gelöscht, so tritt Straflosigkeit ein (§ 310 R.St.G.B.).

## 3. Waffenführung bei der Fahrt.

Personen unter 18 Jahren, Lehrlinge, die bei Eisenbahnbauten beschäftigten Arbeiter, ledige Dienstboten, Taglöhner, Gewerbsgehilfen, Fabrikarbeiter und in der Hausindustrie beschäftigte Personen, endlich die noch im Brote des Familienhauptes stehenden ledigen Haussöhne, dann wegen Geisteskrankheit Entmündigte dürfen nachbezeichnete Waffen nicht führen: Dolche, Stilete, andere im Griffe feststehende oder mittels Vorrichtung feststellbare, dann solche Messer, deren Klinge wegen Mangels einer Einschlagrinne in den Griff nicht einfallen kann; zugespitzte Streicher und Pfriemen, Revolver, Terzerole und Sackpistolen, Abschraubgewehre, Raufringe, Schlageisen, Schleudern und Totschläger jeder Art.

Personen, welche Messer, Streicher oder Pfriemen der bezeichneten Art zur Ausübung des Berufs notwendig haben, dürfen dieselben während der Berufsausübung mit sich führen.

Außerdem kann einzelnen Personen der oben aufgeführten Klassen, von den Distriktspolizeibehörden (Bezirksämtern, Magistraten unmittelbarer Städte, in München der Polizeidirektion) das Tragen bestimmt bezeichneter Waffen der fraglichen Art in stets widerruflicher Weise oder auf bestimmte Zeit durch einen gebührenfrei auszustellenden Erlaubnis-(Waffen-)Schein gestattet werden, welchen der Inhaber während des Waffentragens bei sich zu führen hat.

Das Mitsichführen von Schußwaffen, welche in Stöcken, Röhren oder in ähnlicher Weise verborgen sind, ist nur mit Bewilligung der Distriktspolizeibehörde zulässig. Das Mitsichführen von Stoß- und Hiebwaffen dieser Art (z. B. Degenstöcken rc.) ist den obenangeführten Klassen von Personen untersagt, kann jedoch einzelnen Personen dieser Klassen durch distriktspolizeilichen Waffenpaß unter bestimmter Bezeichnung der Waffe in stets widerruflicher Weise oder auf bestimmte Zeit gestattet werden. Auch dieser Waffenpaß ist während des Waffentragens vom Inhaber stets bei sich zu führen (k. Verordnung vom 19. November 1887). Unter dem „Mit- oder Beisichführen“ ist das Beisichtragen mit der Absicht eines eventuellen Gebrauchs zu verstehen. Die unbefugte (d. h. nicht durch Waffenpaß nachweislich erlaubte) Führung von Schuß- und sonstigen Waffen in Stöcken rc. ist aus dem R.St.G.B. § 367 Nr. 9 an Geld bis zu 150 Mk. oder mit Haft (bis zu sechs Wochen), jene der übrigen obenbezeichneten Waffen-Gattungen aus dem b. P.St.G.B. Art. 39 an Geld bis zu 45 Mk. oder mit Haft bis zu acht Tagen strafbar. Neben der Strafe kann auf Einziehung der unbefugt geführten Waffen, ohne Unterschied, ob sie dem Verurteilten gehören oder nicht, erkannt werden. Die Sicherheitsorgane sind befugt, bei Betretung auf unbefugter Waffenführung die betr. Waffen mit Beschlag zu legen und zu diesem Zwecke vorläufig weg- und in Verwahr zu nehmen. Bezüglich der Waffenführung und des Waffengebrauches ist ferner darauf hinzuweisen, daß Körperverletzungen, welche mittels einer Waffe, insbesondere eines Messers oder eines anderen gefährlichen Werkzeuges begangen wird, als erschwerte einer Gefängnisstrafe nicht unter zwei Monaten unterliegen (§ 223a R.St.G.B.). Ferner wird an Geld bis zu 150 Mk. oder mit Haft (bis zu sechs Wochen) bestraft, wer bei einer Schlägerei, in der er nicht ohne sein Verschulden hineingezogen worden ist, oder bei einem Angriffe sich einer Waffe, insbesondere eines Messers oder eines anderen gefährlichen Werkzeuges bedient (§ 367 Nr. 10 R.St.G.B.). Zum strafbaren Thatbestande dieser Uebertretung ist nicht erforderlich, daß eine Verletzung des Angegriffenen erfolgt ist. Beteiligt an der Schlägerei ist, wer bei einer solchen — sei es zwischen nur zwei oder mehreren Personen — sei es durch körperliche Thätigkeit, sei es durch geistige Einwirkung (Aneifern, Aufhetzen rc.) dazu mitwirkt, daß zugeschlagen wird. Einer Waffe oder eines gefährlichen Werkzeugs „bedient“ man sich im Sinne dieser Bestimmung, sobald das betreffende Instrument bei der Schlägerei oder einem Angriffe in irgend einer gegen den Körper eines anderen gerichteten Art und Weise benützt wird. Ein, ohne diese Absicht jemand zu verletzen, in die Luft abgegebener Schuß, sogen. „Schreckschuß“, ist als ein Angriff nicht zu erachten, da dieser eine Thätlichkeit voraussetzt. Als gefährliches Werkzeug kann je nach den Umständen auch die von Radfahrern geführte Reitpeitsche erachtet werden.

Das Schießen mit Feuergewehr oder anderem Schießwerkzeuge an bewohnten oder von Menschen besuchten Orten ist ohne (distrikts-) polizeiliche Erlaubnis an Geld bis zu 150 Mk. bezw. mit Haft bis zu sechs Wochen strafbar (§ 367 Nr. 8 R.St.G.B.) und zwar gleichviel, ob scharf oder blind, auf ein bestimmtes Ziel, ohne Zielen oder bloß in die Luft geschossen wird. Das Verbot trifft nicht nur für jene Orte zu, wo Menschen wohnen oder zu verkehren pflegen, sondern auch für die Umgebung solcher Orte, insoweit das hier erfolgende Schießen auf die Menschen eine belästigende oder gefährdende Wirkung ausüben kann. Strafbar ist ferner das Schießen mit Feuergewehr in gefährlicher Nähe von Gebäuden oder feuerfangenden Sachen (bis zu 60 Mk. oder vierzehn Tagen Haft — § 368 Nr. 7 R.St.G.B.). Eine Bestrafung beider Fälle erscheint ausgeschlossen, wenn zur Abwehr eines gegenwärtigen rechtswidrigen Angriffs (Notwehr § 53 R.St.G.B.) oder in einem unverschuldeten auf andere Weise nicht zu beseitigenden Notstande zur Rettung aus einer gegenwärtigen Gefahr für Leib oder Leben des Thäters (§ 54 R.St.G.B.) geschossen wurde.

## 4. Meldewesen auf der Reise.

Jeder Gastwirt und Herbergsgeber ist zur Führung eines fortlaufenden Fremdenverzeichnisses — Fremdenbuches — verpflichtet, in welches der Wirt (oder dessen Angehörige) oder der beherbergte Fremde selbst längstens 12 Stunden nach Ankunft des Gastes des letzteren Namen, Stand und Wohnort, Zeit der Ankunft einzutragen hat und die Abgangszeit des Beherbergten spätestens 12 Stunden nach dessen Abreise einzutragen ist. Angabe bezw. Eintrag eines nicht zukommenden Namens ist strafbar (bis zu 150 Mk. an Geld oder Haft bis zu sechs Wochen).

Unabhängig hievon ist jede Ortspolizeibehörde befugt,

von Fremden einen Ausweis über ihre Persönlichkeit zu verlangen. Sonstiges über Ausweis der Person s. oben bei § 12 S. 33.

## 5. Vereins- und versammlungsrechtliche Vorschriften.

Zu öffentlichen Aufzügen in Städten und Ortschaften hat der Unternehmer, Leiter oder Ordner die Zustimmung der betreffenden Gemeindeverwaltung (Magistrat, Gemeindeausschuß) zu erholen und sodann die Genehmigung der Distriktspolizeibehörde (Magistrat unmittelbarer Städte, Bezirksamt, in München Polizeidirektion) nachzusuchen, welche den Bescheid möglichst schleunig und spätestens am folgenden Tage schriftlich zu erteilen hat. Die Distriktspolizeibehörde kann bei Erteilung der Genehmigung, von welcher auch die beteiligte Gemeinde- und Ortspolizeibehörde verständigt wird, Bedingungen im Interesse der öffentlichen Ordnung und Ruhe, insbesondere auch straßen- und feuerpolizeilicher Absicht festsetzen, für deren Einhaltung zunächst die Unternehmer, Leiter oder Ordner des Aufzugs verantwortlich sind und deren Beobachtung polizeilich erzwungen werden kann. Die Veranstaltung solcher öffentlicher Aufzüge ohne behördliche Genehmigung kann mittels behördlichen Zwangs eingestellt werden und diese Maßnahme auch eintreten, wenn eine Verhinderung der Fortsetzung von Verletzungen der behördlich auferlegten Bedingungen auf anderem Wege nicht erreicht werden kann.

Diese Bestimmungen sind insbesondere bei Veranstaltung von Radfahrer-Korsofahrten, Fackelzügen rc. in geordneten und geschlossenen Reihen (mit oder ohne Musik) zu beobachten und ist den Vereinsvorständen zu empfehlen, die Zustimmung der Gemeinde- und die Genehmigung der Distriktspolizeibehörden möglichst zeitig vor der beabsichtigten Veranstaltung nachzusuchen.

## Rennen.

Wettfahrten und Wettrennen auf öffentlichen Straßen, Wegen und Plätzen dürfen nur mit polizeilicher Bewilligung veranstaltet werden. Soweit hiebei Staatsstraßen benützt werden, steht die Erteilung der Erlaubnis der Distriktspolizeibehörde — nach Einvernahme des einschlägigen Straßen- und Flußbauamts — für Distriktsstraßen dem Bezirksamte, in allen übrigen Fällen (also insbesondere für die Gemeinde-

und Ortswege) den Ortspolizeibehörden (Magistrat, Gemeindeausschuß) zu. Die hiebei gesetzten polizeilichen Bedingungen müssen eingehalten werden.

Zu beachten ist, daß die erteilte Genehmigung für öffentliche Aufzüge sowie für Rennen in der Regel nur für den angemeldeten Tag gilt und daher bei Verschub die Genehmigung neuerdings zu erholen ist, weshalb es sich in zweifelhaften Fällen empfiehlt, schon bei Stellung der Gesuche die eventuellen späteren Termine vorsorglich zu bezeichnen und die Genehmigung für diese bei etwaigem Verschube im Voraus nachzusuchen.

## 6. Hilfeleistung bei Unglücksfällen, gemeiner Gefahr und Not.

Wer bei Unglücksfällen oder gemeiner Gefahr oder Not von der Polizeibehörde (oder deren Stellvertreter) zur Hilfe aufgefordert, keine Folge leistet, obwohl er der Aufforderung ohne erhebliche eigene Gefahr genügen kann, ist mit Geldstrafe bis zu 150 Mk. oder Haft (bis zu sechs Wochen) bedroht. Eine solche Aufforderung kann z. B. bei Brandfällen, Wassergefahr 2c. an den Radfahrer dahin gerichtet werden, daß er zum Anrufe weiterer (nachbarlicher) Hilfe Eilbotdienste leistet. Der Aufforderung muß sofortige Folge geleistet werden, soferne es ohne „erhebliche“ eigene Gefahr des Aufgeforderten geschehen „kann“. Das „Können“ wird z. B. durch Unwegsamkeit der Straßen, welche eine gefahrlose Fahrt nicht gestattet, aufgehoben.

## 7. Verhalten des Radfahrers bei Unfällen.

Ereignet sich im öffentlichen Verkehre bei und infolge von Begegnungen zwischen Radfahrern, Fuhrwerken, Reitern, Viehtransporten 2c. ein Unfall, so empfiehlt es sich, daß der Radfahrer sein möglichstes thue, damit der Thatbestand und dessen Umstände genau festgestellt und die Beweise hiefür gesichert werden, sei es nun, daß der Unfall anderen Personen oder deren Eigentum durch ihr eigenes oder durch Verschulden des Radfahrers zugestoßen, sei es, daß der Unfall dem Radfahrer durch Verschulden anderer Verkehrender widerfahren ist. Der Radfahrer wird, auch wenn er sich bei einem eingetretenen Unfalle anderer Verkehrender nicht ganz schuldfrei halten sollte, immer besser thun, anzuhalten und abzusteigen, um bei Feststellung der thatsächlichen Umstände mitzuwirken, als daß er von der Unfallstelle zu enteilen sucht, da durch sein persönliches Zuthun oft entschuldigende und mildernde Umstände ermittelt werden können, während bei fluchtähnlicher Entfernung erfahrungsgemäß Thatsachen zu Gunsten des Radfahrers zumeist nicht zur Feststellung gelangen.

Von wesentlichem Einfluße in allen solchen Fällen erscheint die sichere Ermittlung, ob der Radfahrer bei Leitung seines Fahrrades die nötige Vorsicht angewendet, ob er sich bei Begegnungen mit der Glocke rechtzeitig bemerklich gemacht habe, Entgegenkommenden rechtzeitig und genügend nach rechts ausgewichen bezw. durch Anhalten oder Absteigen die Bahn frei gehalten habe, ob er die befahrene Fußbank bei Annäherung von Fußgängern rechtzeitig verlassen, beim Fahren, insbesondere auch beim Ausweichen oder Ueberholen die zulässige Geschwindigkeit nicht überschritten, an den gebotenen Stellen und unter gebotenen Verhältnissen die Fahrt verlangsamt bezw. durch Anhalten und Absitzen unterbrochen, ob er alles vermieden, was gewöhnlich das Scheuen von Tieren herbeizuführen geeignet ist. Anderseits wird festzustellen sein, ob die Entgegenkommenden oder zu Ueberholenden die rechtzeitig gegebenen Signale zu vernehmen im Stande waren, dieselben beachtet oder trotz öfterer vernehmlicher Wiederholung unbeachtet gelassen haben, ob dieselben beim Ausweichen den nach den besonderen Umständen der Oertlichkeit und des Verkehrs erforderlichen und angemessenen Raum gegeben, ihrerseits das Pflichtmäßige gethan haben, das Scheuen und Wildwerden von Tieren nach Möglichkeit zu verhüten u. s. w. Diese Feststellungen sind womöglich durch Einvernahme an Ort und Stelle befindlicher Thatzeugen, Raum- und Entfernungsabmaße durch Abschreiten unter Zuziehung von Zeugen festzustellen. Die Zeugen sind um verläßige Angabe ihres Namens, Standes und Wohnortes bezw. der Wohnung zu ersuchen, um sich ihrer Zeugschaftsleistung zu versichern. Soferne ein Sicherheitsorgan in der Nähe ist — und nicht den Radfahrer aus eigenem Antriebe zum Anhalten und Absitzen auffordert (s. oben § 4) — soll dasselbe angerufen werden, um die erforderlichen Feststellungen vorzunehmen, wobei dem Radfahrer unbenommen bleibt, auf angemessene Weise die Erhebung für den Fall wichtig erscheinender Thatsachen anzuregen. Sind Zeugen oder Sicherheitsorgane nicht zur Stelle, insbesondere bei Fahrten auf offener Landstraße ꝛc. so empfiehlt es sich für den Radfahrer, dergleichen Vorfälle alsbald der nächsten Ortspolizeibehörde bezw. an deren Sicherheitsorgane mit dem Ersuchen um thunlichste Feststellung des Thatbestandes, Ermittlung von Zeugen ꝛc. zu melden; Uebergabe schriftlicher Notizen ist hiebei zweckmäßig. Bei Unfällen, durch welche Verletzungen von Personen oder Tieren herbeigeführt worden sind, soll der Radfahrer sofort halten und absteigen, um die nötige Hilfe zu leisten. Es können jedoch Umstände eintreten, welche — abgesehen von den Fällen des § 4 — die Weiterfahrt des Radfahrers zu rechtfertigen vermögen, so namentlich wenn die Verkehrenden oder sonstiges Publikum eine Haltung gegen den Fahrer einnehmen, welche für dessen Leben, Gesundheit oder Eigentum gefahrdrohend erscheint. Unter solchen Verhältnissen soll aber jedenfalls die Anrufung und Beiziehung der nächsten Ortspolizeibehörde oder Sicherheitsorgane versucht werden.

## III. Verantwortlichkeit und Haftung des Radfahrers für sein Verhalten im Verkehre.

Wie jedermann nach allgemeinem Rechtsgrundsatze für sein Thun und Lassen, insoweit es Dritte berührt, verantwortlich und haftbar ist, hat auch der Radfahrer für sein Verhalten im öffentlichen Verkehre die Verantwortung und Haftung zu tragen. Die Verantwortlichkeit ist teils eine strafrechtliche für Verletzungen der Strafgesetze (Rechtsverletzungen) oder polizeistrafrechtliche für Rechtsgefährdungen durch Uebertretung in polizeilichem Interesse gegebener Strafbestimmungen, teils eine civilrechtliche für die schuldhaft oder fahrlässig einem Dritten zugefügten persönlichen oder sachlichen Beschädigungen.

I. Der Umfang der strafrechtlichen Verantwortung bemißt sich aus dem Inhalte der Straf- und bezw. Polizeistrafgesetze. Grundsätzlich soll Strafbarkeit nur dann eintreten, wenn der Thäter bei seinem Verhalten sich sämtlicher zum gesetzlichen Thatbestande einer strafbaren Handlung gehörigen Merkmale (Thatumstände) bewußt war. Unkenntnis oder irrige

Kenntnis eines zum gesetzlichen Thatbestande gehörigen Thatumstandes (je nach Sachlage auch der Rechtswidrigkeit eines Thuns oder Unterlassens) bildet einen Grund der Strafausschließung oder doch der Strafmilderung. Unkenntnis oder irrige Kenntnis der strafgesetzlichen oder Polizeivorschriften vermag aber Straflosigkeit oder Strafmilderung nicht zu begründen, ebensowenig ein Irrtum über das Bestehen oder den Sinn der Auslegung einer Strafvorschrift, es sei denn, daß das Strafgesetz durch die Bestimmung, daß zum Thatbestande „wissentliches, widerrechtliches, unbefugtes ꝛc." Handeln gehöre, die Rechtsunkunde (Nicht- oder irrtümliches Wissen von Rechtsvorschriften) als Strafausschließungsgrund erklärt. Nochmals ist hier zu erwähnen, daß die längere oder kürzere Nichtbeachtung einer Polizeivorschrift oder die Nichtbeanstandung der Uebertretung einer solchen während einer gewissen Zeit die Giltigkeit und Anwendbarkeit einer derartigen Vorschrift keineswegs aufhebt, daher auch der auf solcher Nichtbeachtung oder Nichtbeanstandung beruhende gute Glaube des Thäters die Uebertretung nicht straflos zu machen vermag (§ 59 R.St.G.B.).

Wo vom Gesetze zum strafbaren Thatbestande ausdrücklich Vorsätzlichkeit — der rechtswidrige, auf eine strafbare Handlung gerichtete bewußte Wille — verlangt oder das Erfordernis der Vorsätzlichkeit durch das Wesen der strafbaren Handlung bedingt wird, erscheint eine Bestrafung wegen Fahrlässigkeit — d. i. der Mangel an nötiger Aufmerksamkeit des Handelnden, ein Verschulden aus Mangel an dem rechtlich geforderten guten Willen, indem der Handelnde die allgemein bestehende Verpflichtung zu gebührender Sorgfalt in seinem Thun und Lassen nicht erfüllt — ausgeschlossen. Die Feststellung des Vorhandenseins strafbaren fahrlässigen Verschuldens ist eine Thatfrage, nach den thatsächlichen Umständen des einzelnen Falles zu beurteilen. Der ein fahrlässiges Handeln ausschließende Grad von Sorgfalt stuft sich entsprechend der Wichtigkeit der (strafrechtlich bezw. polizeilich) geschützten Interessen ab. Die strafrechtliche Verantwortung wegen Fahrlässigkeit dehnt sich aber keineswegs soweit aus, daß jede Handlung unterlassen werden müßte, bezüglich deren eine Möglichkeit gegeben und vorhersehbar ist, daß sie Ursache eines rechtswidrigen Erfolges werden könne; denn dies würde zu Folgen führen, deren Unvereinbarlichkeit mit den bestehenden Lebensverhältnissen und Verkehrsbedürfnissen offensichtlich ist. Es werden täglich und stündlich ungezählte Handlungen vorkommen und vorgenommen, die jedem Denkenden erkennbar die Möglichkeit der Verursachung von Schäden für Dritte in sich tragen und bei denen der Handelnde auch regelmäßig sich bewußt sein muß, daß selbst die Anwendung der größten Aufmerksamkeit seinerseits die Verwirklichung der mit der Handlung verbundenen Gefahren nicht völlig auszuschließen vermag. Der Absicht des Gesetzes würde es sicher nicht entsprechen, alle derartigen Handlungen unterschiedslos als fahrlässiges Verhalten zu betrachten. Es muß hier vielmehr, wie schon oben erörtert, zu dem Verhalten, um es strafrechtlich verantwortlich zu machen, der Umstand hinzutreten, daß die Vornahme der Handlung eine Nichterfüllung desjenigen Maßes von Aufmerksamkeit und Rücksicht auf das Gemeinwohl in sich schließe, dessen Leistung von den Handelnden billiger Weise gefordert werden darf.

Bei Verbrechen und Vergehen trifft das R.St.G.B. stets eine ausdrückliche Bestimmung, wann auch die aus Fahrlässigkeit begangene Handlung bestraft werden soll (s. oben S. 60), sieht dagegen bei Uebertretungen ebensowenig als das b. P.St.G.B. (mit einer Ausnahme) durch eine besondere Vorschrift über Bestrafung fahrlässiger Handlungen ausdrückliches vor. Hieraus darf aber nicht gefolgert werden, daß alle Uebertretungen nur vorsätzlich verübt werden können und fahrlässig begangene unter allen Umständen straffrei bleiben sollen. Bei Zuwiderhandlungen gegen Strafverbote von nur vorbeugender, polizeilicher Beschaffenheit kann vielmehr das Verschulden des Thäters auch in einer denselben (polizei-) strafrechtlich verantwortlich machenden Fahrlässigkeit bestehen. Allerdings gibt es eine Reihe von Polizeiübertretungen, welche nur durch eine sogen. Begehungshandlung, d. h. durch freiwillige Thätigkeit des Verübenden hervorgebracht werden können, für die Vorsätzlichkeit der Handlung ist es jedoch hiebei unerheblich, ob der Thäter die gefährliche Natur der Handlung gekannt oder ob er sie aus Sorglosigkeit oder Unachtsamkeit übersehen hat, es genügt eben das Wollen der strafbar erklärten Handlung. In manchen Fällen ist ein bestimmtes Verhalten nicht unbedingt verboten, sondern nur strafbar, wenn hiebei die zur Schadensverhütung erforderlichen oder polizeilich vorgeschriebenen Sicherheits- und Vorsichtsmaßregeln vernachlässigt werden und es kommt dann nicht darauf an, ob die das Verhalten strafbar machende Vernachlässigung auf Vorsätzlichkeit oder Fahrlässigkeit beruht. Bei den sogen. Unterlassungshandlungen (Unterlassung einer gebotenen, pflichtmäßigen Thätigkeit) genügt die Thatsache der Unterlassung zur Strafeinschreitung. Für das öffentliche Interesse bleibt es völlig gleich, ob das im Interesse der öffentlichen Sicherheit oder Wohlfahrt gebotene pflichtmäßige Verhalten aus Vorsatz oder Fahrlässigkeit verabsäumt worden ist. Ein bestimmter Erfolg ist bei den aus polizeilichen Rücksichten verbotenen Uebertretungen in der Regel nicht erforderlich, die Strafbarkeit vielmehr mit der Begehung der verbotenen Handlung oder pflichtwidrigen Unterlassung gegeben. Dagegen ist auch der Versuch von Uebertretungen straflos, während der Versuch von Verbrechen stets, jener von Vergehen in den vom Gesetze ausdrücklich bestimmten Fällen strafbar wird.

Strafbarkeit wird ferner ausgeschlossen, wenn der Thäter zur Zeit der Begehung der Handlung sich in einem Zustande von Bewußtlosigkeit oder krankhafter Störung der Geistesthätigkeit (Sinnestäuschung, Schlaf, Traum, hochgradige Trunkenheit) befand, durch welchen seine freie Willensbestimmung ausgeschlossen war, ferner, wenn der Thäter durch unwiderstehliche Gewalt oder durch eine mit gegenwärtiger, auf andere Weise nicht abwendbarer Gefahr für Leib oder Leben seiner selbst oder eines Angehörigen (Verwandte und Verschwägerte in auf- und absteigender Linie, Adoptiv- und Pflege-Eltern und Kinder, Ehegatten, Geschwister und deren Ehegatten und Verlobte) verbundene Drohung zu der Handlung genötigt war. Als unwiderstehliche Gewalt kann insbesondere auch der Fall eines Bruches von Maschinenteilen (z. B. der Bremse) hier in Betracht kommen, welche dem Fahrer unverschuldeter Weise die Lenkung der Maschine unmöglich macht. Strafbefreiend wirkt ferner die Notwehr, eine Handlung zur Verteidigung, welche erforderlich ist, um einen gegenwärtigen rechtswidrigen Angriff (gegen Person, Eigentum oder andere Rechte) von sich oder einem Anderen, auch Dritten nicht bloß Angehörigen) abzuwenden. Ist der Thäter in Bestürzung, Furcht oder Schrecken über die Grenzen der Verteidigung hinausgegangen, so ist die Ueberschreitung der Notwehr nicht strafbar. Straflos ist ferner eine Handlung, welche außer dem Falle der Notwehr in einem unverschuldeten, auf andere Weise nicht zu beseitigenden Notstande zur Rettung aus einer gegenwärtigen Gefahr für Leib oder Leben des Thäters oder eines Angehörigen (s. oben) begangen worden ist (§§ 53, 54 R.Str.G.B.). Wenn eine und dieselbe Handlung mehrere Strafgesetze verletzt, so kommt nur dasjenige Gesetz, welches die schwerste Strafe, und bei ungleichen Strafarten dasjenige Gesetz, welches die schwerste Strafart androht, zur Anwendung, so z. B. bei übermäßig schnellem Fahren, bei Nichtausweichen und hiedurch verursachter Körperverletzung die Strafandrohung gegen letztere, bei unbefugter Oeffnung von Bahnschranken und hiedurch herbeigeführter Gefährdung eines Eisenbahntransportes nicht die auf Verletzung der Bahnordnung, sondern die auf Gefährdung des Bahntransportes gesetzte Strafe u. s. w.

Abgesehen von den schon oben besprochenen Fällen von Sachbeschädigung, Gefährdung von Eisenbahntransporten 2c. (s. S. 48 u. ff.) werden in strafrechtlicher Hinsicht beim Fahrrad-Verkehre am häufigsten Körperverletzungen an Dritten in Betracht kommen. Wer vorsätzlich einen Anderen körperlich mißhandelt oder an der Gesundheit schädigt, wird wegen Körperverletzung mit Gefängnis bis zu drei Jahren oder an Geld bis zu 1000 Mk. bestraft. Die mittels Waffe, insbesondere Messers oder eines anderen gefährlichen Werkzeuges, mittels hinterlistigen Ueberfalls, oder von Mehreren gemeinschaftlich oder mittels einer das Leben gefährdenden Behandlung begangene Körperverletzung wird mit Gefängnisstrafe von nicht unter zwei Monaten bestraft. Hat die Körperverletzung für den Verletzten den Verlust eines wichtigen Körpergliedes, des Sehvermögens auf einem oder beiden Augen, des Gehörs oder der Zeugungsfähigkeit oder dauernde Entstellung von erheblicher Weise oder Siechtum, Lähmung oder Geisteskrankheit zur Folge, so tritt Zuchthausstrafe bis zu fünf Jahren oder Gefängnis nicht unter einem Jahre, und wenn der Tod des Verletzten verursacht worden, Zuchthaus oder Gefängnis nicht unter drei Jahren ein. Fahrlässige Körperverletzung wird an Geld bis zu 900 Mk. oder mit Gefängnis bis zu zwei Jahren bestraft. Leichte vorsätzliche, sowie fahrlässig verursachte Körperverletzungen werden nur auf Antrag verfolgt, welcher binnen drei Monaten gestellt werden muß. Diese Frist beginnt mit dem Tage, seit welchem der Antragsberechtigte von der Handlung und von der Person des Thäters Kenntnis gehabt hat. Zurücknahme des Antrags ist nur dann zulässig, wenn das Vergehen gegen einen Angehörigen verübt worden ist.

War der Thäter einer Körperverletzung zu der Aufmerksamkeit, welche er aus den Augen setzte, vermöge seines Amtes, Berufes oder Gewerbes besonders verpflichtet, so kann die Strafe auf drei Jahre Gefängnis erhöht werden. Im Verkehre kann eine solche Verletzung von Berufspflichten seitens derjenigen angenommen werden, welche vermöge ihrer Berufs- oder Gewerbsthätigkeit Aufmerksamkeit und Sorgfalt in Leitung ihrer Fuhrwerke besonders verpflichtet sind, wenn die betreffende Handlung selbst in den Berufskreis des Thäters fällt, aber auch dann, wenn die betreffende Fahrt nicht in Ausübung der besonderen Berufs- oder Gewerbsthätigkeit vorgenommen wird.

In allen Fällen der Körperverletzung — sowohl bei vorsätzlicher als fahrlässiger — kann auf Verlangen des Verletzten neben der Strafe auf eine an denselben zu erlegende Buße bis zum Betrage von 6000 Mk. erkannt werden. Eine erkannte Buße schließt die Geltendmachung eines weiteren Entschädigungsanspruches auf dem Civilrechtswege aus, da die Buße alle Entschädigungsansprüche umfaßt, auch das sogen. Schmerzensgeld (§§ 223, 223a, 224—226, 228, 230—232 R.St.G.B.).

II. Soweit nicht das Strafgesetz eine Entschädigungspflicht (Buße) für die durch strafbare Handlungen verursachten Beschädigungen vorsieht, bemißt die Haftung und Entschädigungsverbindlichkeit des Thäters für die schädigenden Folgen solcher Handlungen sich nach dem Civilrechte: civilrechtliche Haftbarkeit.

Das Civilrecht geht von dem Grundsatze aus, daß derjenige, welcher aus freiem Willen etwas gegen Gesetz oder Verbot der Obrigkeit thut, sich dadurch dem infolge solchen Thuns (oder Lassens) Geschädigten gegenüber stillschweigend und von selbst zu entsprechender Genugthuung verbindet. Die Verpflichtung zum Schadenersatze bildet die notwendige Folge der Uebertretung eines gesetzlichen Gebotes, letztere den selbständigen Entstehungsgrund einer Forderung. Wird in einem solchen Falle von dem Verletzten ein Entschädigungsanspruch erhoben, so ist zwar die Frage festzustellen, ob der Thäter aus freiem Willen gehandelt und ob seine Uebertretung den behaupteten Schaden verursacht habe, d. h. zwischen der behaupteten Beschädigung und der Uebertretung ein ursächlicher Zusammenhang besteht, nach Bejahung dieser Frage aber nicht weiter zu prüfen, ob dem beklagten Thäter ein Verschulden zur Last fällt; denn darin, daß dieser gegen gesetzliches Ge- (oder Ver-) bot gehandelt, ein Unrecht (injuria) begangen hat, beruht schon seine Verpflichtung zum Schadenersatze. Auch durch fahrlässig begangene — nicht beabsichtigte, sondern nur durch ein unwissentliches Verschulden (Ungeschicklichkeit, Unvorsichtigkeit, Unwissenheit) des Thäters herbeigeführte schadenbringende Handlungen wird die Verpflichtung zum Ersatze des angerichteten Schadens begründet. Und selbst bei an sich erlaubten Handlungen kann durch eine hiebei begangene Nachlässigkeit eine zum Schadenersatz verpflichtende Rechtswidrigkeit begangen werden. Bei Unternehmungen, welche — wie das Radfahren — mit Gefahr für Personen oder fremdes Eigentum verbunden sein „können", ist der Unternehmer verpflichtet, die zur Verhütung von Unfällen oder Beschädigungen erforderliche Umsicht anzuwenden und die Rechtswidrigkeit, welche durch Verabsäumung der erforderlichen Aufmerksamkeit begründet wird, läßt sich nicht aus dem Grunde bestreiten, daß die Maßregeln, deren Nichtanwendung zum Verschulden gereicht, nicht durch Polizeivorschriften geboten waren, also eine Polizeivorschrift nicht verletzt worden sei. Wurde ein Schaden, welcher dem Thäter als Verschulden anzurechnen ist, durch Mitverschulden des Beschädigten verursacht, so erscheint ein Schadenersatzanspruch des letzteren ausgeschlossen und dies insbesondere dann, wenn es in einem Falle ungewiß bleibt, ob die Nachlässigkeit eines anderen den Schaden überhaupt zur Folge gehabt hätte, wenn nicht das eigene Verschulden des Beschädigten als wirkende Ursache hinzugetreten wäre. (Nach preuß. A.L.R. haftet derjenige, welcher ein auf Schadenverhütung abzielendes Polizeigesetz vernachlässigt, für allen Schaden, welcher durch Beobachtung der Vorschrift hätte vermieden werden können, ebenso als wenn dieser aus seiner Handlung unmittelbar entstanden wäre und es ist unerheblich, ob auch der Beschädigte ein zur Verhütung eines Schadens bestimmtes Polizeigesetz übertreten hat, und unerheblich, ob letzterem selbst ein Versehen, mag es auch ein großes sein, zur Last fällt. Nur wenn auch der Schädigende infolge beiderseitiger Polizeiübertretung einen Schaden erlitten hat, muß der Beschädigte dem Schädiger für diesen Posten einstehen, ebenso wie der Schädiger dem ersteren für den ihm entstandenen Schaden haftet.)

Eine durch Notwehr (§ 53 R.St.G.B.) gebotene Handlung zieht ebensowenig eine Bestrafung als eine Ersatzpflicht des Handelnden nach sich. Die bei (vorsätzlichen wie fahrlässigen) Körperverletzungen (§ 231 R.St.G.B.) zulässige Buße

— bis zum Betrage von 6000 Mk. — umfaßt alle Entschädigungsansprüche. Dieselbe ist nicht von dem Eintritte schädigender Folgen, welche die Körperverletzung etwa für das Vermögen des Mißhandelten (durch Entstehung von Kurkosten, Ausfall von Verdienst ꝛc.) gehabt, abhängig gemacht und kann demnach bei leichten Mißhandlungen, welche einen Vermögensnachteil für den Verletzten nicht nach sich zogen, als bloße Entschädigung für erlittene Schmerzen (als sogen. „Schmerzensgeld") zuerkannt werden, welche der Thäter auch durch den Nachweis, daß der Mißhandelte an seinem Vermögen nicht geschädigt worden sei, nicht abzuwenden vermag. Auf die Erben des Mißhandelten geht der Anspruch auf Schmerzensgeld nicht über, wohl aber können im Falle (vorsätzlicher oder fahrlässiger) Tötung eines Menschen, dessen Hinterbliebene den Ersatz des verursachten Vermögenschadens, insbesondere auch Schadloshaltung für den Verlust, welcher ihnen durch den Tod des Ernährers ꝛc. erwächst, und unter Umständen auch Vergütung der Beerdigungskosten fordern.

## Vom Strafverfahren.

Der Gerichtsstand ist bei jenem Gerichte begründet, in dessen Bezirk die strafbare Handlung verübt wurde (§ 7 St.Pr.O.) sowie auch bei demjenigen Gerichte, in dessen Bezirk der Angeschuldigte zur Zeit der Erhebung der Klage seinen Wohnsitz hat (§ 8 St.Pr.O.). In allen Uebertretungsfällen, dann wegen Vergehen, welche nur mit Gefängnis von höchstens drei Monaten oder mit Geldstrafe von höchstens 600 Mk., allein oder neben Haft oder in Verbindung mit einander oder in Verbindung mit Einziehung bedroht sind, kann durch schriftlichen — amtsrichterlichen Strafbefehl ohne Vernehmung und Verhandlung die Strafe festgesetzt werden, wenn die Staats- (Amts-) Anwaltschaft dies schriftlich beantragt. Der Strafbefehl darf jedoch keine andere als höchstens 150 Mk. Geld- oder Freiheitsstrafe von höchstens sechs Wochen sowie eine verwirkte Einziehung (z. B. verbotener oder verbotwidrig geführter Waffen) festsetzen. Gegen den Strafbefehl kann binnen einer Woche nach der Zustellung mündlich (zu Protokoll des Gerichtsschreibers) oder schriftlich Einspruch erhoben werden. Ein Strafbefehl, gegen welchen nicht rechtzeitig Einspruch erhoben worden, erlangt die Wirkung eines rechtskräftigen Urteils. Bei rechtzeitigem Einspruche findet Hauptverhandlung vor dem Schöffengerichte statt. Auf den Einspruch kann vor Ablauf der Frist verzichtet und derselbe vor Beginn der Hauptverhandlung noch zurückgenommen werden. In der Hauptverhandlung kann sich der Angeschuldigte durch einen mit schriftlicher Vollmacht versehenen Verteidiger vertreten lassen. Das nicht genügend entschuldigte Ausbleiben des (nicht durch einen Verteidiger vertretenen) Beklagten in der Hauptverhandlung hat Verwerfung des Einspruchs ohne Beweisaufnahme zur Folge. Die nur auf Antrag (der Privatklage) zu verfolgenden Beleidigungen und (leichten) Körperverletzungen, dann das Vergehen der einfachen Sachbeschädigung (§ 303 R.St.G.B.) dürfen nur in einer Hauptverhandlung durch das Schöffengericht abgeurteilt, auf Antrag zu verfolgende Beleidigungen, Körperverletzungen und von amtswegen zu verfolgende (schwere) Körperverletzungen können vor das Schöffengericht verwiesen werden (§§ 27, 29, 75 St.Pr.O.), ebenso Widerstand gegen die Staatsgewalt, Sachbeschädigung und die nur mit Gefängnisstrafe von höchstens sechs Monaten oder Geldstrafe von höchstens 1000 Mk., allein oder in Verbindung mit einander oder in Verbindung mit Einziehung bedrohten Vergehen (§ 75 St.Pr.O.). Gegen die Urteile der Schöffengerichte findet Berufung zur landgerichtlichen Strafkammer statt, welche binnen einer Woche nach Verkündigung bezw. Zustellung des Urteils mündlich zu Protokoll des Gerichtsschreibers oder schriftlich eingelegt werden muß (§§ 354, 355 St.Pr.O.). Gegen Urteile der Strafkammer des Landgerichts, welcher die Aburteilung aller nicht zur Zuständigkeit der Schöffengerichte gehörigen Vergehen sowie für eine Reihe von Verbrechen zusteht, kann nur Revision zum Reichsgerichte (bezw. soweit bayer. Landesgesetze in Frage stehen zum Oberlandesgerichte München) eingelegt werden, jedoch nur wegen Gesetzesverletzung (Nicht- oder nicht richtige Anwendung einer Rechtsnorm). Die Revision ist binnen einer Woche nach Urteilsverkündung einzulegen.

## Der Schutz des Radfahrers im Verkehre.

Alle straßen- und verkehrspolizeilichen Bestimmungen und Polizeivorschriften, welche allen Verkehrenden und insbesondere den Fuhrwerken Schutz gewähren sollen, finden auch zu gunsten des Radfahrers Anwendung. So insbesondere auch das

Verbot, nach einer öffentlichen Straße oder nach Orten hinaus, wo Menschen zu verkehren pflegen, Sachen ohne gehörige Befestigung aufzustellen oder aufzuhängen, durch deren Umstürzen oder Herabfallen jemand beschädigt werden kann, oder Sachen auf eine Weise auszugießen oder auszuwerfen, daß dadurch jemand beschädigt oder verunreinigt werden kann (§ 366 Nr. 8 R.St.G.B.). Ferner das Verbot, auf öffentlichen Straßen, Wegen oder Plätzen ꝛc., Brunnen, Keller, Gruben, Oeffnungen oder Abhänge dergestalt unverdeckt oder unverwahrt zu lassen, daß daraus Gefahr für andere entstehen kann (§ 367 Nr. 12 R.St.G.B.). Ebenso das Verbot, Tiere in Städten oder Dörfern, auf öffentlichen Wegen, Straßen oder Plätzen oder an anderen Orten, wo sie durch Ausreißen, Schlagen oder auf andere Weise Schaden anrichten können, mit Vernachlässigung der erforderlichen Sicherheitsmaßregeln stehen zu lassen oder zu führen (§ 366 Nr. 5 R.St.G.B.) oder wilde oder bösartige Tiere frei umherlaufen zu lassen oder in Ansehung ihrer die erforderlichen Vorsichtsmaßregeln zur Verhütung von Beschädigungen zu unterlassen (§ 367 Nr. 11 R.St.G.B.). Dann das Verbot des Hetzens von Hunden auf Menschen (§ 366 Nr. 6 R.St.G.B.). Diese Uebertretung ist mit dem Augenblicke des Hetzrufes an den Hund erschöpft, ohne daß ein Anfassen des letzteren erfolgt sein muß. Ob der Hund von kleiner oder größerer Gattung war, ist gleichgiltig. Das Nichtabhalten eines Hundes von Angriffen auf Menschen ist als Uebertretung aus § 367 Nr. 11 R.St.G.B. strafbar. Bissige Hunde (gleichviel ob groß oder klein) müssen gemäß letzterer Bestimmung mit Maulkörben versehen werden; durch orts- (oder distrikts-) polizeiliche Vorschrift ist auch zumeist verboten, Hunde zur Nachtzeit frei umherlaufen zu lassen, ferner geboten, freilaufende Hunde größerer Gattung (ob sie bissig oder nicht) mit wohlbefestigtem Maulkorbe zu versehen (Art. 83 b. P.St.G.B.). In Fällen dringender und augenblicklicher Gefahr ist jedermann befugt, Tiere, von denen eine Gefährdung von Menschen zu besorgen ist, zu töten, soferne ein anderes verlässiges Mittel zur Abwendung dieser Gefahr nicht besteht oder nicht ausführbar ist (Art. 19 b. P.St.G.B.). Der Eigentümer eines Tieres, durch welches ein Schaden herbeigeführt worden ist, hat den verursachten Schaden zu vertreten und ist zum Ersatze des letzteren verpflichtet. Vom Ersatze des Schadens kann er sich durch Abtretung des Tieres befreien, der Beschädigte kann aber die Annahme gefährlicher, böser Tiere ablehnen und auf anderweitiger Ersatzleistung bestehen. Hat ein Tier durch schuldhafte Veranlassung eines Dritten Schaden angerichtet, so kann zu dessen Ersatz der Eigentümer des Tieres auch dann nicht angehalten werden, wenn der Schuldige zu einer Entschädigungsleistung unvermögend ist.

Zu beachten ist, daß wegen leichter vorsätzlicher und wegen aller durch Fahrlässigkeit verursachter Körperverletzungen, wegen Beleidigung, sowie wegen einfacher Sachbeschädigung gegen den oder die Thäter, wenn Strafverfolgung gewünscht wird, Strafantrag gestellt werden muß und zwar binnen 3 Monaten von dem Tage an, seit welchem der Antragsberechtigte von der Handlung und von der Person des Thäters Kenntnis gehabt hat und nach Umfluß dieser Frist einem Strafantrage keine Folge mehr gegeben wird (§ 61 ff. R.St.G.B.).

Die Strafverfolgung von Uebertretungen verjährt in drei Monaten (mit dem Tage der Begehung der Handlung ohne Rücksicht auf den eingetretenen Erfolg), bei den im Höchstbetrage mit einer längeren als dreimonatlichen Gefängnisstrafe bedrohten Vergehen in fünf, bei anderen Vergehen in drei Jahren.

## Sicherheit der Straßen. Straf- und civilrechtliche Haftung der Wegunterhaltspflichtigen für verursachte Schäden.

1. Die dem öffentlichen Verkehre dienendem Wege, Straßen und Plätze, Brücken und Stege, sowie die zur Verhütung von Unfällen erforderlichen Geländer und sonstigen Sicherungsmittel (z. B. Abweispfähle an steilen Stellen, Warnungstafeln 2c.) müssen von den hiezu Verpflichteten in sicherem Zustande erhalten, an öffentlichen Straßen, Wegen und Plätzen befindliche Brunnen, Keller, Gruben, Oeffnungen oder Abhänge dergestalt verdeckt oder verwahrt werden, daß daraus Gefahr für andere nicht entstehen kann (§ 366 Nr. 10 R.St.G.B., Ministerialbekanntmachung vom 7. Januar 1872 § 6 und § 367 Nr. 12 R.St.G.B.). Bei eingetretenen Beschädigungen öffentlicher Wege, Brücken und Stege, bei Hemmungen des Verkehrs auf denselben sind die von der Polizeibehörde angeordneten oder sonst nötigen Warnungs- und Leitungszeichen

von den hiezu Verpflichteten anzubringen, bei Bauten oder Ausbesserungen von Brücken oder anderen Bauwerken (Straßen, Kanälen ꝛc.) die polizeilich angeordneten oder sonst erforderlichen Sicherungsmaßregeln zu treffen (Ministerialbekanntmachung vom 7. Januar 1872, § 367 Nr. 14 R.St.G.B.).

2. Abgesehen von strafrechtlicher Verantwortlichkeit haften die zur Erhaltung der öffentlichen Wege und ihrer Zugehörungen in sicherem Zustande Verpflichteten auch civilrechtlich für die schädlichen Folgen (Tötung, Körperverletzung, Sachbeschädigung) einer mangelhaften Unterhaltung der Verkehrseinrichtungen und der zur Verhütung von Unglücksfällen an und auf solchen erforderlichen Schutzmittel. Aus dem allgemeinen Rechtssatze, „daß jedermann seine Handlungsweise so zu regeln hat, daß durch dieselbe kein Schaden entstehe“ ist auch die Verpflichtung abzuleiten, daß der Weg- ꝛc. Unterhaltspflichtige die Sicherheit des Verkehres auf den Wegen ꝛc. in einer Weise herstelle, durch die möglichst alle Nachteile für Leben, Gesundheit und Eigentum, die sich bei der Benützung des Weges ergeben können, verhütet, also Weg samt Zugehörungen in gefahrlosem Zustande erhalten und die zur Beseitigung erkennbarer gefahrdrohenden Mängel erforderlichen Anstalten getroffen werden. Schuldhafte Unterlassung solcher Vorkehr und pflichtmäßiger Untersuchung des Weges auf seine Sicherheit macht den Verpflichteten ersatzverbindlich für alle persönlichen und sachlichen Beschädigungen, welche Verkehrende infolge eines durch jene Unterlassung herbeigeführten Unfalles erlitten haben, also für Kurkosten, Entschädigung für Arbeitsentgang, Erwerbsbeschränkung, für Verlust oder Wertminderung der Fahrzeuge ꝛc. Ein Ersatzanspruch des Geschädigten wird nur dann ausgeschlossen, wenn ihm nachgewiesen werden kann, daß er dem ihm zugegangenen Schaden durch Anwendung gehöriger Sorgfalt, wie sie die von einem guten Hausvater anzuwendende Umsicht auferlegt, nicht zu vermeiden gesucht hat. Als eine solcher Umsicht entspringende Verpflichtung kann es aber nicht erachtet werden, daß der Verkehrende einen dem „gemeinen Verkehre“ geöffneten Weg auch dahin prüfe, ob der Unterhaltspflichtige thatsächlich seiner Verbindlichkeit zur Herstellung der Sicherheit des Weges und seiner Zugehörungen entsprochen hat. Vielmehr darf der Verkehrende auf Grund der gesetz- und verordnungsmäßig feststehenden Verbindlichkeit des Pflichtigen ohne Vorwurf der Nachlässigkeit oder Sorg-

losigkeit die Sicherheit des Weges als in dem Maße vorhanden annehmen, welches einen ungefährdeten Verkehr überhaupt ermöglicht.

3. Vorbehaltlich besonderer Verpflichtungen Dritter sind zur Unterhaltung der Staatsstraßen und der Wege in Ausmarkungen der Staat, der Distriktsstraßen die Distrikte, der Gemeindeverbindungswege und Ortsstraßen die Gemeinden verpflichtet. Beschwerden über Mängel an Staatsstraßen sind an die Straßen- und Flußbauämter, über Mängel an Distriktsstraßen an die Bezirksämter, über Mängel der Gemeinde- und Ortsstraßen an die Gemeindebehörden (Magistrate, Gemeindeverwaltungen) zu richten und im weiteren Verfolge von diesen Behörden unberücksichtigt gebliebene Gesuche um Abhilfe an die vorgesetzten Aufsichtsstellen (Kreisregierungen, Kammern des Innern, Staatsministerium des Innern) bezw. Aufsichtsbehörden (für alle nicht unmittelbaren Gemeinden die Bezirksämter) zu richten.

# Anhang I.

## Wünsche und Anträge des Verbandes zur Wahrung der Interessen der bayerischen Radfahrer

### bezüglich der oberpolizeilichen Vorschriften über den Radfahrverkehr. Ministerial-Entwurf.

(Auszug.)

Bekanntlich hat das k. b. Staatsministerium des Innern der Bitte des Verbandes zur Wahrung der Interessen der bayerischen Radfahrer stattgebend demselben den ministeriellen Entwurf einer einheitlichen Radfahrordnung für das Königreich Bayern zur Kenntnisnahme und Einreichung allenfallsiger erinnerungsweiser Anträge und Wünsche mitgeteilt. Die vom Verbande als wünschenswert erachteten Modifikationen des Entwurfes wurden auf Grund eingehender Beratungen des Verbandsausschusses in einer Denkschrift zusammengefaßt und diese dem k. Staatsministerium des Innern unterbreitet. Eine Reihe der angeregten Wünsche fanden entgegenkommende Berücksichtigung, im einzelnen ging die höchste Polizeistelle bei endgiltiger Fassung des Entwurfes weiter, als es der Verband erreichbar geglaubt hatte (vergl. § 2), dagegen wurde in sehr einschneidenden Punkten — in der Fahrkartenfrage (§ 12) und der Auflage der Nummernführung in größeren Städten (§ 14) — an dem ministeriellen Entwurfe festgehalten, ja der letztere bezüglich der Auflage der Nummernführung noch verschärft, indem die bezüglichen Vorschriften nicht bloß für die vier größten Städte zugelassen, sondern auch für alle jene Gemeinden, welche solche bisher eingeführt haben, aufrecht erhalten worden sind.

Da es für alle bayerischen Radfahrer von Interesse sein dürfte, was der Verband in diesen Richtungen geltend gemacht hat, wird im nachstehenden Auszug des Referates zu den §§ 12 und 14 der bayer. Radfahrordnung (Entwurf) mitgeteilt:

Zu § 12.

Modifizierte Fassung (primärer Antrag): § 12. „Personen unter 18 Jahren, sowie amtsbekannte Geisteskranke bedürfen einer Fahrkarte, welche von der Distriktspolizeibehörde des Wohnortes der betreffenden Person oder, falls letztere einen Wohnort in Bayern nicht hat, von der Distriktspolizeibehörde des Aufenthaltsortes ausgestellt sein, auf den Namen des Inhabers lauten, von letzterem bei der Fahrt mitgeführt und auf Erfordern den Aufsichtsbeamten vorgezeigt werden muß.

Personen unter 14 Jahren darf die Fahrkarte nur ausnahmsweise erteilt werden, wenn ausreichende Sicherheit dafür besteht, daß von ihnen eine Gefährdung des öffentlichen Verkehrs nicht zu befürchten ist. Die Erteilung von Fahrkarten an Personen unter 18 Jahren darf nur mit Zustimmung ihres gesetzlichen Vertreters oder des etwaigen Dienstherrn, an Geisteskranke nur auf Grund ärztlichen Gutachtens und mit Zustimmung des etwaigen gesetzlichen Vertreters, sowie nur in jederzeit widerruflicher Weise erfolgen."

Abs. I mit dem ersten Satze des Abs. II des vorliegenden Entwurfs-Paragraphen 12 enthält unserer Meinung eine Beschränkung der persönlichen bürgerlichen Bewegungsfreiheit, deren Beseitigung wir in Wahrung der Interessen der Radfahrer dringlichst beantragen müssen. Wenn auch nach einem allgemeinen Grundsatze des öffentlichen Rechts jedermann sich gefallen lassen muß, von den Organen der öffentlichen Sicherheit zum Ausweise seiner Persönlichkeit angehalten, mangels genügenden Personalausweises behufs Feststellung der Identät sistiert (der Behörde vorgeführt), unter gewissen Voraussetzungen vorläufig festgenommen (Art. 102 d. Ausf.-G z. St.O., § 127 d. St.Pr.O.) oder verhaftet zu werden (§§ 112 ff. St.O), so stellt doch das öffentliche Recht anderseits — außer dem Verbote, sich bei einer amtlich geforderten Legitimation eines nicht zukommenden Namens zu bedienen, § 360 Nr. 8 R.St.G.B. — keine Verpflichtung für den einzelnen Privaten auf, sich ständig mit einer besonderen Legitimation versehen zu halten, überläßt es ihm vielmehr, ob er sich durch Führung eines Personalausweises gegen die obenerwähnten Maßnahmen schützen will oder nicht. In der ganzen Gesetzgebung liegt — von der Jagdkarte abgesehen, deren Sonder-Veranlassung und Zweck hier doch nicht ausschlagen dürfte — keine Bestimmung vor, welche dem Bürger bei Bethätigung freier Bewegungsakte die Führung einer Legitimation auferlegt. Insbesondere wird dem Fuhrwerkbesitzer (die für Droschkenführer, Fiakerkutscher ꝛc. auf Grund des Art. 152 P.St.G.B. mit § 37 Gew.Ord. bestehenden Sondervorschriften hängen mit dem Gewerbebetriebe zusammen und treffen hier nicht zu), dem Reiter eine Legitimationspflicht nirgends auferlegt, nicht einmal dem Leiter eines Transportes von Explosivstoffen (vergl. Ministerialbekanntmachung vom 9. August 1879), welch letzterer doch unstreitig wirkliche und größere Gefahren für den öffentlichen Verkehr mitbringt als ein Radfahrer.

Den Radfahrer in der besprochenen Richtung strenger zu halten als jedes andere Verkehrselement und ihm eine Ausnahmsstellung unter allen Teilnehmern am öffentlichen Verkehre zuzuweisen, dürften doch nicht ausreichende Gründe vorliegen. Die von Radfahrern für Dritte herbeigeführten Unfälle und Schäden, welche in der Regel für die Notwendigkeit einer besonders strengen Regelung des Radfahrverkehrs angezogen werden, sind nahezu ausnahmslos unter der Herrschaft der Fahrkartenlegitimation und in deren Herrschaftsgebiet vorgekommen; ein Beweis, daß die fragliche Verpflichtung eine wirksame Schutzmaßregel nicht bildet, somit nur als eine Last für den Radfahrer besteht, ohne dem beabsichtigten Zweck wirklich zu dienen. Das einzig wirksame Korrektiv für ein — doch nur ausnahmsweise auftretendes — verkehrsgefährdendes Verhalten von Radfahrern ist, nächst strengster Bestrafung leichtfertigen, mutwilligen oder boshaften Verhaltens, doch in erster Reihe die Selbstsorge des Radfahrers für die eigene Sicherheit der Person und des Fahrzeuges; denn durchgängige Erfahrung lehrt, daß bei Karambolagen in der überwiegenden Mehrzahl der Fälle der Radfahrer selbst größeren Schaden und schwerere Verletzungen erleidet, als die Angerannten. Diese Erfahrung wird schließlich jeden Radfahrer bestimmen: „sein Rad mit der gehörigen Vorsicht zu leiten" und jedenfalls nachdrücklicher als die Verpflichtung zu Besitz und Führung einer Legitimation. Aber auch vom Standpunkte der polizeilichen Personalermittlung in strafbaren Fällen wird die Legitimationsverpflichtung nicht so hoch an praktischem Werte anzuschlagen sein, daß letzterer die Ausnahmsstellung und die damit verbundene Beschwerde für die Radfahrer zu rechtfertigen vermöchte. Bei Delikten der Radfahrer können zwei Fälle eintreten: entweder kommt der Radfahrer selbst zu

Sturz oder er kann sonst wie gestellt bezw. festgehalten werden — oder es gelingt ihm durch rasche Weiterfahrt sich einer Festhaltung zu entziehen. Ersten Falles kann die Kontrolle und Ermittelung seiner Persönlichkeit auch ohne Fahrkarte auf den oben angedeuteten Wegen wie bei anderen zur Führung eines Personalausweises nicht verpflichteten Personen durchgeführt werden, zweiten Falles ist eine Personalkontrolle undurchführbar, gleichviel ob der betreffende eine Fahrkarte besitzt, mit sich führt oder nicht. Aus allen diesen Gründen dürfte dem Radfahrer die völlige Gleichstellung mit den übrigen Verkehrselementen gewährt und derselbe von den ausnahmsweisen und als solcher beschwerenden Legitimationszwange befreit werden.

Anders verhält es sich mit Personen unter 18 Jahren und notorisch Geisteskranken. Hier sind wir mit der Klausel der Fahrkarte vollständig einverstanden und haben uns gestattet, diesbezügliche Redaktion des § 12 in Vorschlag zu bringen.

Sollte diesem unserem dringenden primären Antrage Willfährde nicht werden, so halten wir uns, des Einverständnisses der gesamten bayerischen Radfahrerschaft sicher, jedenfalls in Wahrung ihrer Interessen zu dem eventuellen Antrage verpflichtet, höchste Polizeistelle wolle die Streichung des Abs. VI des § 12 eintreten lassen.

Wie wir Abs. I und II des § 12 vorliegenden Entwurfes interpretieren zu dürfen glauben, hat die höchste Staatspolizeistelle, den Standpunkt des Bedürfnisses des heutigen Verkehrs und seiner Mittel einnehmend, die fraglichen Bestimmungen so gefaßt, daß die Fahrkarte zweifellos nicht sowohl einen Erlaubnisschein, denn vielmehr nur eine persönliche Legitimation bilden soll. Mit dieser Auffassung läßt sich aber die anderseits normierte Befugnis der Polizeibehörde, die Legitimationskarte gewissermaßen als administrative Straffolge für bestimmte Verfehlungen zeitlich oder dauernd zurückzuziehen, nicht wohl vereinigen und ganz sicher nicht mit der nach Abs. II sich ergebenden Folge, daß mit der Legitimationseinziehung auch die Berechtigung zur Fahrt auf öffentlichen Straßen rc. verloren gehen soll. Es ist allerdings zuzugeben, daß die straßen- und verkehrspolizeilichen Blankettvorschriften des § 366 Nr. 10 R.St.G.B. die Befugnis gewähren, bei Ausfüllung jener Blanketts im Wege des polizeilichen Anordnungsrechtes die persönliche Freiheit der Verkehrsbewegung zeitlich oder dauernd da zu beschränken, wo die Sicherheit und Bequemlichkeit des

Verkehrs dies erfordert; aber ebensowenig wird zu bestreiten sein, daß derartige Beschränkungen nur allgemeinhin ergehen, nicht aber sich nur gegen bestimmte Einzelindividuen aus Gründen ihrer höchstpersönlichen Qualifikation richten dürfen. Derartige Verkehrsbeschränkungen rein individueller Richtung müßten zu Konsequenzen führen, welche sich geradezu als eine Aufhebung des verfassungsmäßigen Rechtes der Freiheit der Person und ihrer Bewegung eigenschaften würden. Unter einem solchen Gesichtswinkel könnte z. B. die Berechtigung der Polizei behauptet werden, einem gewohnheitsmäßig rücksichtslosen Schnellgeher, der sich seinen Weg unbekümmert um andere Passanten zu bahnen pflegt und hiebei wiederholt Personen derart vom Bürgersteige gestoßen, daß sie Schaden nahmen, ja sogar einem Kurzsichtigen, der mehrfach Kinder oder Gebrechliche an- und umgerannt hat, das „Gehen auf öffentlicher Straße" zu verbieten. Es dürfte sich aber kaum ein Gericht finden, welches ein solches straßenpolizeiliches Verbot als gesetzlich begründet und zulässig erachten würde (Art. 15 b. P.St.G.B.). Ein Blick auf die täglichen Unfallberichte einer größeren Stadt zeigt, wie viele und wie häufige Unfälle durch „bespannte" Fuhrwerke, namentlich Gewerbsfahrzeuge (vor allem Metzger-, Gärtner- und dergl. Gefährte) aber auch durch Privat- und insbesondere sogen. Herrschaftsequipagen angerichtet werden. Gleichwohl findet sich in keinem Polizeireglement eine Bestimmung, welche der Polizeibehörde die Berechtigung vindizieren wollte, solchen unglückstiftenden Schnellfahrern zeitweilig oder dauernd das Fahren auf öffentlichen Wegen, Straßen und Plätzen zu verbieten. Zweifellos unterbleibt eine solche Polizeianordnung nicht aus persönlichen und individuellen Rücksichten für die betreffenden Verkehrselemente, sondern aus legislatorischen, weil die gesetzliche Ermächtigung der Polizeibehörde zu einer derartigen Maßnahme nicht gegeben ist. Ein Anerkenntnis dieses letzteren Grundes läßt sich aus einer Polizeiverordnung schöpfen, welche nach ihren Intentionen sich zur Anziehung als Analogie ganz besonders eignet. Es ist dies die oberpolizeiliche Vorschrift der Regierung von Oberbayern vom 27. Oktober 1892, welche in § 2 anordnet, daß jedes seiner Bestimmung nach „nicht ausschließlich zur Beförderung von Personen dienende Privatfuhrwerk", welches innerhalb der Markung einer unmittelbaren Stadt oder außerhalb der Gemeindemarkung des Wohnortes des Fuhrwerkbesitzers auf öffentlichen Straßen verkehrt, Vor- und Zunamen (oder Firma) und Wohnort des Fuhrwerkbesitzers angeschrieben tragen muß. Die Bestimmung ist getroffen, um bei vorkommenden Delikten die Ermittlung der strafrechtlich haftbaren Thäter zu sichern, also die Anordnung einer gewissen Legitimation der letzteren. Die Vorschrift trifft aber keinerlei Bestimmung, daß Vergehungen der betreffenden Fuhrwerkbesitzer bezw. Führer gegen Sicherheit von Leben und Gesundheit oder gegen straßenpolizeiliche Anordnungen den Verlust der Befugnis zur Führung dieser Legitimation und der Berechtigung zur Benützung öffentlicher Straßen nach sich ziehen solle — aus dem guten Grunde: des Mangels gesetzlicher Ermächtigung zu einer Verfügung letzteren Sinnes. (Vorsorglich sei indessen hier hervorgehoben, daß im übrigen die Anführung dieser Vorschrift zu Gunsten eines Legitimationszwanges für den Radfahrer nicht wohl verwertet werden kann, da sie Personenfuhrwerk ausdrücklich ausnimmt und das Fahrrad doch zweifellos als „Personenfuhrwerk“ behandelt werden muß.)

Die fragliche Ermächtigung ist der Polizei weder für bestimmte Verkehrsmittel noch im allgemeinen gesetzlich eingeräumt, kann daher auch nicht ausnahmsweise für die Radfahrer allein behauptet werden. Vielleicht hat zu der einschlägigen Bestimmung ein Anklang an die ortspolizeilichen Vorschriften auf Grund des Art. 152 d. P.St.G.B. mit Art. 37 d. Gew.Ord. geführt, in denen die Einziehung der „Erlaubniskarten“ vorgesehen wird, welche den bei sogen. Straßengewerben verwendeten Personen (z. B. Trambahn-, Droschken-, Fiaker-, Omnibus-Kutschern u. s. w.) ausgestellt werden. Eine Anwendbarkeit dieser Spezialvorschriften auf die Radfahrer allgemeinhin erscheint jedoch ausgeschlossen, denn die auf Grund des Art. 152 d. P.St.G.B. getroffenen Bestimmungen haben nicht sowohl die Regelung der Ordnung des Straßenverkehrs als solchen, denn vielmehr die Ordnung der Ausübung jener Straßengewerbe, nicht sowohl den Schutz des Publikums gegen Gefährdungen durch den Straßenverkehr, als vielmehr den Schutz desselben gegen Benachteiligungen bei Benützung der Dienste jener Gewerbetreibenden (oder ihrer Gehilfen) zur Aufgabe und Zweck. So wenig nun die ebenerwähnten Vorschriften zur Rechtfertigung der Bestimmungen des Schlußabsatzes des § 12 geeignet erscheinen, so wenig läßt sich auch eine etwaige Berufung auf § 53 der

Gew.Ord. hiefür mit Erfolg verwerten, denn dort handelt es sich um die Zurücknahme gewisser Approbationen, Konzessionen, Bestallungen wegen Verletzung von Gewerbs- und Berufspflichten oder wegen Mangels der Eigenschaftung für gewisse Gewerbs- und Berufszweige.

Die Bestimmung des angeführten § 53 bewegt sich demnach ausschließend auf dem Boden des Erwerbs- und Gewerbswesens und seiner Ordnung, kann daher allgemeinhin eine gleichartige Anwendung auf den Radfahrer, bei welchem nicht die Erfüllung spezieller Berufs-, sondern nur die Beobachtung allgemeiner Bürgerpflichten in Frage kommt, nicht rechtfertigen. Es könnten allenfalls noch die Bestimmungen aus §§ 316—319 R.St.G.B. angezogen werden, wonach Eisenbahn- und Telegraphen-Beamten (Angestellte solcher Institute) infolge der Bestrafung wegen Verletzung bestimmter Berufspflichten von der ferneren Verwendung im Eisenbahn- bezw. Telegraphendienste ausgeschlossen werden können. Aber auch hier handelt es sich um Spezialpflichten und nicht um Verletzung allgemeiner Bürgerpflicht, wie sie im letzten Absatz § 12 als Voraussetzung der Legitimationsentziehung aufgeführt ist. Aus dem Zusammenhalte der angeführten verschiedenen Bestimmungen erhellt wohl zur Genüge, daß eine Polizeimaßregel, wie die in § 12 Abs. VI normierte nur auf Grund besonderer und ausdrücklicher gesetzlicher Ermächtigung verhängt und verfügt werden kann (vergl. hiezu auch die Analogien in Art. 16, 17, 59 Abs. II, 61 Abs. III, 73 Abs. III, Art. 105 d. P.St.G.B.), daß ferner in der Regel entweder richterliche Ermächtigung der Polizeibehörde zu solchen in persönliche Bewegungsfreiheit eingreifenden Maßnahmen bedingt oder deren Durchführung mit den besonderen Garantien eines förmlichen Administrativprozeßverfahrens (vergl. §§ 20, 21 d. Gew.-Ord, sowie bezüglich der Jagdkartenentziehung Art. 8 Ziff. 18 des Verwaltungsgerichtshofsgesetzes) umgeben ist. Aller dieser Voraussetzungen entbehrt die in § 12 Abs. VI angedrohte Maßregel und dürfte daher deren Verhängung weder in materieller, noch in formeller Hinsicht als rechtlich zulässig erachtet werden können. Und selbst die rechtliche Zulässigkeit, wie sie nicht zugegeben werden kann, wirklich angenommen, dürfte die mehrerwähnte Anordnung mindestens insoferne als zu strenge gefaßt erachtet werden, als Tötung, Körperverletzung, Sachbeschädigung — nach dem Wortlaute der Bestimmung — auch dann die Einziehung der

Fahrkarte zur Folge haben können, wenn sie nicht beim Radfahren verübt wurden, so daß sogar jeder Kausalzusammenhang zwischen Reat und Straffolge (oder administrativer Nebenstrafe, als welche sich die Maßnahme des Abs. VI wohl eigenschaften läßt) ermangelt. Wegen Uebertretungen der allgemeinen und besonderen Fahrordnung dem Radfahrer die Legitimation zur öffentlichen Fahrordnung zu entziehen, erscheint eine unverhältnismäßig strenge Maßregel, wenn in Betracht gezogen wird, daß es sich dabei oft um nur geringfügige Versehen handelt. So würde es z. B. doch als eine zu schwere Ahndung erachtet werden müssen, wenn einem Radfahrer, der zufällig die Beleuchtung seiner Laterne übersehen hat, die fernere Benützung der öffentlichen Straßen in frei bemessener Dauer versagt würde, und das umsomehr, als ein solches Versehen bei jedem anderen Fuhrwerkführer einfach mit einer leichten Strafe ohne irgendwelche weitere nachteilige Folge als genügend beahndet erachtet wird. Nach all diesen Ausführungen müssen wir zumindest die Streichung des Abs. VI als eine Lebensfrage des Fahrradverkehrs bezeichnen und auf das dringendste befürworten.

Anmerkung 1. Das Staatsministerium der Justiz hat die Einziehung der Fahrkarte für gesetzlich zulässig erachtet.

Anmerkung 2. Eine Milderung ist insoferne eingetreten, als Tötung, Körperverletzung und Sachbeschädigung nur dann einen Einziehungsgrund bilden sollen, wenn sie in ursächlichem Zusammenhange mit dem Radfahren verübt worden sind.

§ 14. In Gemeinden mit mehr als 50000 Einwohnern sind die Ortspolizeibehörden befugt, für die in ihrem Bezirke wohnenden Radfahrer die Führung von Nummernschilden an den Fahrrädern vorzuschreiben ..... Die in Gemeinden mit mehr als 50000 Einwohnern bereits bestehenden Vorschriften über die Führung von Nummernschilden bleiben in Kraft.

Antrag: Die Streichung des § 14 erscheint im Interesse des Radfahrverkehres dringend wünschenswert und wird um so dringlicher beantragt, als erfahrungsgemäß die Nummernführung keineswegs eine absolute Gewährung für Kontrolle und Ermittlung von Kontravenienten bietet, die letztere vielmehr durch radfahrende Polizeiorgane — deren es ja jetzt in beinahe allen größeren Städten welche gibt — sicherer und zuverlässiger geübt werden kann, so daß die zu mancherlei

Unzukömmlichkeiten führende Auflage der Nummernführung entbehrlich erscheinen dürfte.

Anmerkung. Nachdem die Bestimmung einmal getroffen, wäre es zur Vermeidung von Schwierigkeiten und Beanstandungen wenigstens wünschenswert, daß die zu erteilenden Nummern für das ganze Königreich durchliefen. Zu dem Ende hätten die beteiligten Gemeinden ihren mutmaßlichen Bedarf an Nummernschilden der Centralstelle anzuzeigen, letztere hienach die für das ganze Königreich gefertigten, durchnummerierten Schilder an die einzelnen Gemeinden abzugeben.

---

## Nachtrag zu §§ 12 und 14 der oberpolizeilichen Vorschriften.

Eine jüngst ergangene Entschließung des kgl. Staatsministeriums des Innern hat ausgesprochen: „1. Die Vorschreibung eines einheitlichen Formulares für die ortspolizeilichen Radfahrkarten ist seitens des kgl. Staatsministeriums des Innern nicht beabsichtigt, es bleibt vielmehr den Ortspolizeibehörden die Beschaffung der bezüglichen Formularien überlassen. 2. Der Paragraph 12 der oberpolizeilichen Vorschriften vom 1. Januar 1898 ist absichtlich so gefaßt, daß die von den Ortspolizeibehörden bereits ausgestellten Fahrkarten auch fernerhin giltig bleiben; da die Distriktspolizeibehörden der unmittelbaren Städte gleichzeitig Ortspolizeibehörden sind, behalten auch die von diesen Behörden ausgestellten Fahrkarten ihre Giltigkeit. Dagegen haben die von den k. Bezirksämtern ausgestellten Fahrkarten vom 1. März 1898 an keine Geltung mehr, es sind demnach für solche Radfahrer, welche in mittelbaren Gemeinden wohnen und bezirksamtliche Fahrkarten besitzen, neue ortspolizeiliche Fahrkarten erforderlich. 3. In § 14 Absatz 3 der oberpolizeilichen Vorschriften vom 1. Januar 1898 ist die Beibehaltung des Nummernzwanges in Gemeinden, wo er bisher bestand, für zulässig erklärt. Von einer Beibehaltung dieses Zwanges für ganze Verwaltungsbezirke ist in der erwähnten Bestimmung nicht die Rede. Die Erlassung bezüglicher Bestimmungen durch ortspolizeiliche Vorschrift ist vielmehr den einzelnen Gemeinden überlassen, und es ist von der Erlassung distriktspolizeilicher Vorschriften in dieser Richtung Umgang zu nehmen.“

---

# Anhang II.

## Uebersicht außerbayerischer Vorschriften für den Radfahrverkehr.

**Königreich Preußen.** — Die Vorschriften über den Radfahrverkehr sind teils von den Provinzialstellen (Ober- und Regierungspräsidien), teils von den Lokalpolizeibehörden erlassen.

Das Radfahren auf öffentlichen Straßen wird teils vom Besitze einer Fahrkarte, teils von Führung einer polizeilich erteilten Legitimations-Nummer abhängig gemacht. Diese Legitimationen werden erst Personen gewisser Altersstufen (Brandenburg-Berlin nach vollendetem 12. Lebensjahre, Breslau nach vollendetem 16. Lebensjahre ꝛc.) erteilt und müssen während der Fahrt geführt, die auf den Namen des Inhabers lautenden (Brandenburg-Berlin: für die Dauer des Kalenderjahres geltenden) Fahrkarten auf Verlangen den Aufsichtsbeamten vorgezeigt werden. Die Karten bezw. Nummern werden von der Polizeibehörde des Wohnortes erteilt.

Den zur Erhaltung der Sicherheit und Ordnung auf den öffentlichen Straßen, Wegen und Plätzen ergehenden Anordnungen der Aufsichtsbeamten ist unbedingt Folge zu leisten.

Die Fahrräder müssen mit Lenk-, Hemm- und Klingelvorrichtung, sowie mit einer Laterne ausgerüstet sein, die während der Dunkelheit (Schlesien: eine Stunde nach Sonnenuntergang bis eine Stunde vor Sonnenaufgang) beleuchtet sein muß und nicht von farbigem Glase sein darf.

Die für den Fuhrwerkverkehr geltenden Vorschriften finden sinngemäße Anwendung. Die Fahrt ist nur auf den Fahrdämmen und Fahrwegen erlaubt, soweit nicht einzelne Straßen, Wege und Plätze vom Befahren mit Fahrrädern überhaupt oder mit Zweirädern ausgeschlossen sind.

Bei der Fahrt ist, soweit nicht örtliche Hindernisse entgegenstehen, stets die rechte Seite der Fahrbahn einzuhalten und darf auf die linke Seite behufs Anhaltens dortselbst nicht früher abgebogen werden, als dies der Zweck erfordert (Berlin, Halle ꝛc.).

Im übrigen decken die Fahrvorschriften sich zumeist beinahe wörtlich mit den oberpol. Vorschriften für Bayern.

Mehr als 2 Fahrräder dürfen nicht nebeneinander fahren. Beim Ausweichen und Ueberholen auf enger Fahrbahn muß einzeln vorbeigefahren werden (Berlin, Halle ꝛc.).

**Königreich Sachsen.** — Allgemeine Vorschriften gibt die Verordnung „Den Verkehr mit Fahrrädern auf den öffentlichen Wegen betr.“ vom 23. November 1893.

Jedes Fahrrad muß bei der Benützung auf öffentlichen Wegen an der Lenkstange ein Schild tragen, welches in leserlicher Schrift Namen, Stand, Wohnort und Wohnung des das Rad Benutzenden angibt, ferner mit einer Bremse, einer helltönenden Warnungsglocke und einer Laterne (mit ungefärbtem Glase) ausgerüstet sein, welch' letztere während der Benutzung (in der Zeit von $^1/_2$ Stunde nach Sonnenuntergang bis $^1/_2$ Stunde vor Sonnenaufgang) hell brennen muß.

Das Radfahren ist verboten auf den ausschließlich für den Fußverkehr bestimmten Wegen und den erhöhten Fußbänken an Fahrwegen. Die Benützung der nichterhöhten Bankette der Fahrwege ist innerhalb bewohnter Ortschaften verboten, außerhalb solcher insoweit gestattet, als die Bankette rechts zur Fahrrichtung befindlich, von Häusern nicht begrenzt und auf mindestens 30 m Entfernung vor dem Radfahrer von Fußgängern frei sind.

Nebeneinanderfahren von zwei Radfahrern ist nur statthaft, wenn es ohne Belästigung des übrigen Verkehrs möglich ist, beim Ausweichen ist hintereinander zu fahren. Mehr als 2 Radfahrer dürfen nicht denselben Weg nebeneinander benutzen.

Bei Begegnungen und Ueberholungen, an unübersichtlichen Wegstellen und seitlich abzweigenden Wegen ist in reichlich bemessener Entfernung so lange als nötig Glockenzeichen zu geben und hiebei mäßige Gangart innezuhalten.

Das Ausweichen — rechts — ist so zeitig 'zu beginnen und in so flachem Bogen bis zur Wiederaufnahme der eigentlichen Fahrtrichtung fortzusetzen, daß jede Ueberraschung des übrigen Verkehrs vermieden wird. Wenn Tiere unruhig werden, ist nach Bedarf und namentlich „auf Verlangen des Führers der Tiere“ zu halten und abzusteigen.

Auf Verlangen der Wegeaufsichts- und Polizeiorgane muß jederzeit sofort gehalten und die etwa erteilte Auskunft erteilt werden.

Den Radfahrern gegenüber sind dieselben wegpolizeilichen Bestimmungen zu beobachten, wie gegenüber den Fuhrwerken. „Mutwillige Belästigungen oder sonstige Ungebührlichkeiten gegenüber Radfahrern sind verboten".

In den Städten ist zumeist die Einhaltung der „rechten" Fahrbahnseite geboten.

Im übrigen stimmen die Vorschriften dem wesentlichen Inhalte nach mit den bayerischen überein.

**Königreich Württemberg.** — Verfügung des Staatsministeriums des Innern betr. den Radfahrverkehr vom 16. September 1888. Das Fahren mit Velozipeden ist nur auf Fahrwegen gestattet. Nebenwege (Trottoirs), Bankette und Fußwege dürfen nicht befahren werden.

Ausweichen: rechts, vorfahren: links, von mehreren Radfahrern nur hintereinander in einfacher Reihe.

An Straßenwenden, Kreuzungen und bei Nahekommen von Menschen auf der Fahrbahn ist so langsam zu fahren, daß das Fahrzeug nötigenfalls auf der Stelle zum Halten gebracht werden kann.

Die Führer von Fuhrwerken — die Posten ausgenommen —, Reiter, Begleiter von Viehtransporten u. dgl. haben erforderlichen Falls entgegenkommenden bezw. überholenden Radfahrern angemessen nach rechts auszuweichen.

Die Fahrräder („die in Fahrt befindlichen") müssen mit Signalglocke und zur Nachtzeit mit hellleuchtender Laterne (mit nichtgefärbten Gläsern) versehen sein. Bei vollständig mondhellen Nächten ist diese Beleuchtung nicht geboten (Min.-Verfügung vom 16. September 1888).

Durch Ortspolizeivorschrift können für Velozipedfahrer in geschlossenen Ortschaften weitergehende Beschränkungen angeordnet, auch kann das Velozipedfahren in „einzelnen" Straßen oder Ortsteilen ganz verboten werden.

Die Stuttgarter Polizeivorschriften bestimmen auf Grund letzteren Vorbehalts im besonderen:

Personen, welche im Fahren mit Velozipedes nicht ausreichend geübt sind, dürfen mit denselben auf öffentlichen Straßen und Plätzen nicht fahren. Verboten ist das Radfahren auf öffentlichen Straßen und Plätzen der Stadt, solange daselbst ein lebhafter Verkehr oder größere Ansammlungen von Menschen stattfinden.

Mit Beobachtung des durch die bayer. Vorschriften (§§ 4—11) gebotenen Verhaltens wird auch den württembergischen im wesentlichen und beanstandungsfrei genügt.

**Elsaß-Lothringen.** — Vorgeschrieben ist Fahrkarte und Nummernschild. Auswärtige, welche sich in einem reichsländischen Bezirke nicht länger als 4 Tage aufhalten, sind von dieser Auflage entbunden.

Das Rad muß mit Laterne (ohne farbige Blendung) und Glocke ausgerüstet sein, erstere die polizeilich erteilte Nummer tragen.

Ausweichen: rechts, vorfahren: links. An verkehrsreichen Stellen, auf Straßenkreuzungen und bei einbrechender Dunkelheit ist die Fahrgeschwindigkeit so zu verlangsamen, daß sofort gehalten werden kann.

Vor scheuenden Tieren ist anzuhalten und abzusitzen und darf die Maschine erst nach Entfernung auf einen Abstand von 30 Schritten wieder bestiegen werden.

Das Befahren von Fußsteigen (Trottoirs) und Anlagen, dann von anderen polizeilich gesperrten Orten ist verboten.

**Sachsen-Weimar. Sachsen-Altenburg.** Beide **Reuß.** — Velozipedfahren ist nur auf Fahrwegen, nicht aber auf Bürgersteigen, Chausséebanketten und Fußwegen gestattet.

(Im Fürstentum Reuß j. L. müssen alle Velozipede mit weißen, am Kopf der Maschine anzubringenden Tafeln versehen sein, welche in schwarzer, deutlicher, unverwischbarer Schrift Namen und Wohnort des Besitzers enthalten, Straßenpolizeiordnung vom 24. Juni 1893; ebenso in Sachsen-Altenburg). Während der Fahrt ist die rechte Seite der Fahrbahn einzuhalten. Ausweichen: rechts, vorfahren links. Ausweichen und vorfahren darf nur mit mäßiger Geschwindigkeit, von mehreren Radfahrern nur hintereinander in einfacher Reihe geschehen.

In Fahrt befindliche Velozipede müssen mit helltönender Signalglocke und während der Dunkelheit mit hellbrennender Laterne (rote und grüne Blendung verboten!) ausgerüstet sein.

Bei Verhinderung des Abgebens von Glockensignalen sind Zeichen mittels Pfeife zu geben.

Die Beachtung der bayer. Vorschriften §§ 4—11 schützt auch hier vor Beanstandungen.

**Oesterreich.** — Verordnung vom 13. April 1897. Velozipede jeder Art sind leichtem Fuhrwerke gleichzuachten. Außerhalb der Ortschaften ist das Befahren der Fußbänke gestattet. Nichtfahrbare öffentliche Wege dürfen nur mit besonderer Erlaubnis benützt werden. Wo eigene Radfahrwege neben öffentlichen Wegen bestehen, dürfen erstere nur vom Radfahrer benützt werden. Die Vorschriften für den Fuhrwerkverkehr finden auch auf das Radfahren Anwendung. Jedes Fahrrad muß mit helltönender Glocke, mit Bremse und von Eintritt der Dunkelheit bis zur Morgendämmerung mit einer hellleuchtenden, vorne angebrachten Laterne (mit nichtfarbigen Gläsern) versehen sein. Rahmen, Speichen, Laterne 2c. dürfen weder poliert, noch so vernickelt sein, daß sie in der Sonne glänzen. Langsamfahrt (Gangart eines rüstigen Fußgängers) ist an Straßenkreuzungen und Einmündungen und nach Bedarf im Inneren der Ortschaften und bei größeren Menschenansammlungen, Truppenbewegungen, öffentlichen Aufzügen 2c. geboten. Außerdem darf im Innern von Orten die Fahrgeschwindigkeit den Trab eines Gespannes nicht überschreiten. In lebhaften Straßen ist Hintereinanderfahrt geboten.

Ausweichen: links, Vorfahren: rechts.

Straßenaufsichtspersonal: Wegmeister und Wegmacher, Orts- und Flurpolizei-Bedienstete, k. und k. Finanzwache, k. und k. Gendarmerie. Bei Beanstandungen ist sofort abzusitzen und sich durch Ausweis (Paßkarte 2c.) zu legitimieren, mangels einer Legitimation Vorführung vor die nächste Polizeibehörde und vorläufige Einbehaltung der Maschine als Pfand zu gewärtigen.

Böhmen. — Zum Velozipedfahren darf nur die Fahrbahn benützt werden. Bei Begegnung und Ueberholung ist auf mindestens 20 Meter Abstand Glocken- oder Pfeifensignal zu geben, beim Scheuen von Pferden oder auf Vorsichtsmahnung ihres Lenkers (aber nie in unmittelbarer Nähe der Pferde) abzusitzen und das Fahrzeug thunlichst aus dem Gesichtskreis des Pferdes zu entfernen. Bei gemeinsamer Fahrt ist Ausweichen und Vorfahren in Einzelnfahrt hintereinander zu bethätigen.

In Prag ist Besitz auf Namen lautender, mit Photographie des Inhabers und mit eigener Nummer versehener Fahrkarte geboten. Dieselbe wird von der Polizeidirektion und nur an Personen über 16 Jahre ausgestellt gegen

Alters- und Fahrbefähigungsnachweis und ist jeweils auf 3 Jahre giltig. Beleuchtung des Fahrrades auch bei Nebel geboten. An Passanten muß mit 1 Meter Abstand vorbeigefahren werden.

Behördliche Legitimationen, Fahrscheine 2c. unterliegen einer Stempelgebühr von 1 Gulden, ebenso behördliche Beglaubigungen von Fahrbefähigungszeugnissen eines Vereines oder Sachverständigen; Gesuche um Fahrscheine 2c. einem Stempel von 50 Kreuzern für jeden Bogen, k. k. Finanzministerialerlaß vom 2. November 1896.

**Schweiz.** — In den meisten Städten bestehen Sondervorschriften. In der Regel ist die Fahrt auf Fußbänken und Trottoirs verboten. Die Führung von Nummernschilden mehrfach angeordnet, ferner Ausrüstung des Rades mit Glocke (in einzelnen Städten mit ständigem Geläute) und Laterne.

**Frankreich.** — Ausrüstung des Rades mit Glocke und Laterne, dann mit einem Schilde, welcher Name und Wohnort des Besitzers zeigt. Im Innern von Ortschaften und an Straßenwenden und Kreuzungen ist Langsamfahrt geboten, in den Straßen Nebeneinanderfahren untersagt.

Ausweichen: rechts, Vorfahren: links. Wagen und Reiter müssen dem Radfahrer mindestens 1,50 Meter Raum zum Vorbeikommen lassen.

Auf Trottoirs und Fußbänken (contre-allées) darf nicht gefahren werden; außerhalb der Ortschaften ist die Fahrt auf solchen Fußwegen gestattet längs gepflasterter Fahrbahn oder während Instandsetzung letzterer, jedoch die Geschwindigkeit bei Begegnung von Menschen zu mäßigen und bei anliegenden Einzelnanwesen auf den Schritt eines Mannes abzumindern.

Straßen- und Wegsperren werden am Anfangs- und Endpunkte der gesperrten Strecken durch aufgestellte Tafeln angezeigt.

# Inhaltsverzeichnis.



# Sachregister.

# Notizen.

# Notizen.

# Notizen.